ESPAÑA OCULTA
CRISTINA GARCÍA RODERO

© Copyright by Lunwerg Editores y Cristina García Rodero.
Creación, diseño y realización Lunwerg Editores, S.A.
Reservados todos los derechos.
Prohibida la reproducción total o parcial
sin la debida autorización.

ISBN: 84-7782-068-6
Depósito Legal: B-14538-1989

Lunwerg Editores, S.A.
Beethoven, 12 · 08021 BARCELONA. Tel. 201 59 33
Manuel Silvela, 12 · 28010 MADRID. Tel. 593 00 58
Printed in Spain

ESPAÑA OCULTA
CRISTINA GARCÍA RODERO

PRESENTACIÓN
Julio Caro Baroja

A CARMEN Y RICARDO,
MIS PADRES

Cristina García Rodero tiene la pasión de la fotografía hasta llegar a los sacrificios y esfuerzos mayores. Porque pasión semejante en su caso los requiere. No se trata en efecto de una profesional que trabaja en estudio, con toda clase de seguridades para que la obra salga bien; no puede ajustar las imágenes a su arbitrio, preparar las luces, las sombras e imponer su criterio a la persona u objeto fotografiado. No. Ella tiene que ir a sitios a veces lejanos y no fácilmente asequibles, esperar horas y horas, luchar contra inclemencias del tiempo, oscuridades y contrariedades de otras muchas clases. No cesa sin embargo. El resultado es una inmensa colección de fotografías de las que este volumen contiene solo parte.

Fotografías documentales sobre aspectos muy definidos de la vida española, porque Cristina García Rodero se fija también más en la vida que en los paisajes y ámbitos. Estos la sirven sólo de fondo o trasfondo. Para ella lo importante son los seres humanos, sus creencias, sus fiestas y actividades en un marco popular y tradicional.

Acaso algunos españoles de los que examinen esta colección encontrarán, con toda seguridad, que refleja vidas, sociedades que les son desconocidas en absoluto. Algunos pueden incluso llegar a la conclusión de que se trata de una visión forzada de la realidad. Se puede aceptar, sí, que es una visión seleccionada. ¿Pero cuál no lo es? Más limitada y lejana a la mayoría de la existencia de los grandes banqueros y de las mujeres emancipadas de clases adineradas... y, sin embargo, ocupan de continuo las páginas de revistas popularísimas. Hay muchas clases de españoles y a Cristina García Rodero le interesa una. Tiene perfecto derecho a ello y somos también algunos más a los que nos ocurre lo mismo.

Utilizando una expresión ya antigua alguien podría también decir que la visión de Cristina es la de la «España Negra».

Alguien más modernista, utilizaría la de una «España subdesarrollada». Lo más justo y exacto para caracterizarla es emplear dos ya utilizadas palabras: tradicional y popular.

Aquí estamos ante una serie de imágenes que reflejan la fe religiosa, las diversiones y la vida cotidiana de infinidad de personas con sus usos y costumbres, su economía y cultura no dominadas por formas que se van imponiendo de modo evidente y que muchos consideran sinónimas de progreso y que otros podemos pensar que son más modernas y distintas, pero sin añadir en esto nota optimista o beatífica alguna.

Desde un punto de vista etnográfico y antropológico esta colección tiene, pues, muchísimo interés y es posible establecer clasificaciones muy concretas con las fotos que contiene. Llaman la atención —por ejemplo— las de personajes como «El Colacho», «El Zangarrón», «El Cigarrón» y las distintas clases de danzantes, de carácter procesional. Hay, por un lado, reflejo de elementos rituales de la fiesta, con aspecto enigmático, medio burlesco, medio terrorífico. Por otro, ya en la pura expresión de la fe religiosa, imágenes captadas en pueblos que ocupan áreas geográficas precisas, que tienen una concepción penitencial de la Religión, expresada en procesiones como las que van a Santa María de Ujué, en Navarra. En contraste otras fotos reflejan una concepción alegre y amorosa. Aquí hay fotografías claras sobre estos puntos. También respecto al papel del toro o los toros en las fiestas españolas de distintas regiones. En suma, con las fotos de Cristina García Rodero podría ilustrarse (o mejor fundamentarse) todo un largo curso de Folklore español.

Julio Caro Baroja

4

15

27

28

29

30

31

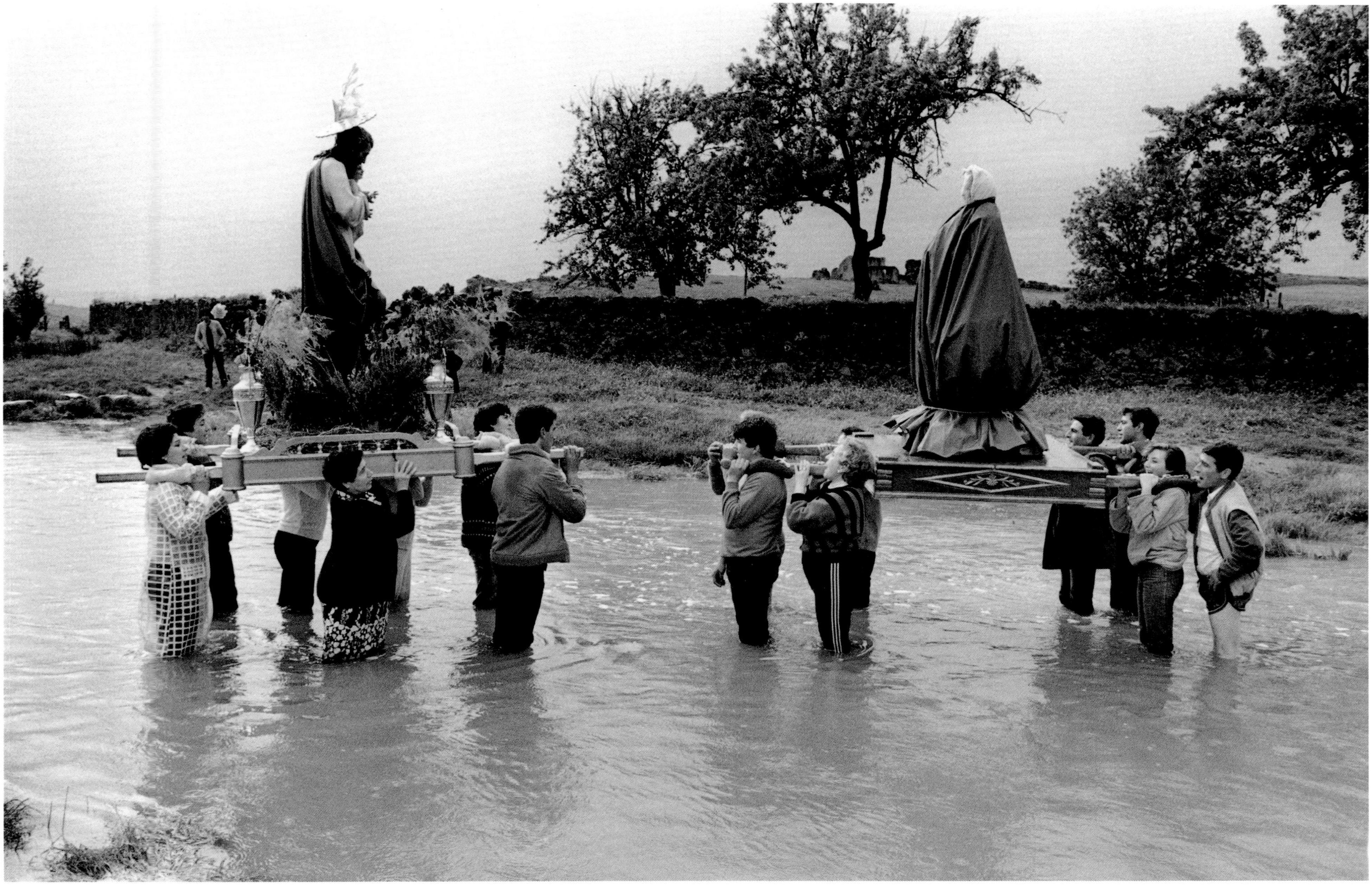

33

34

35

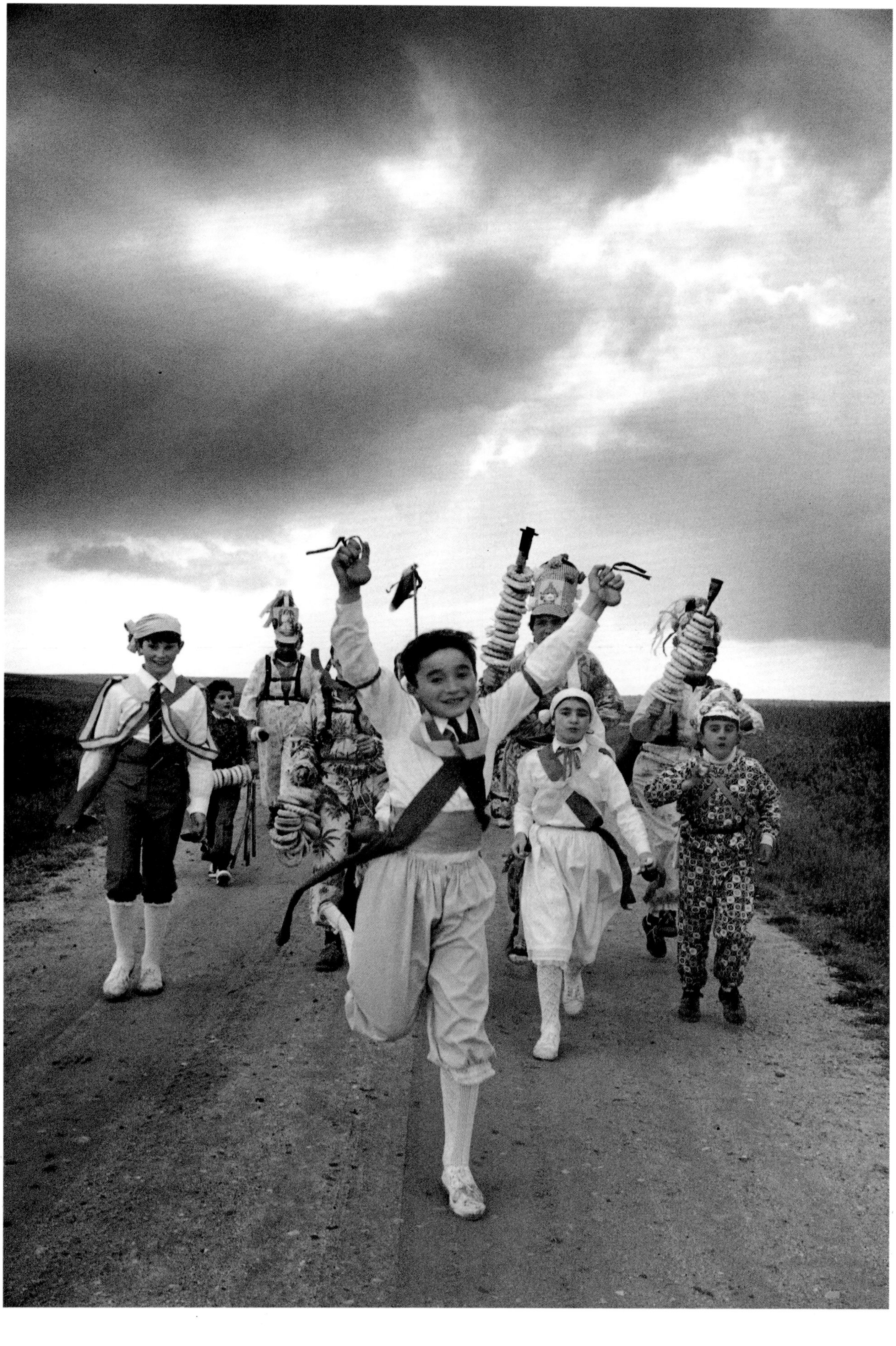

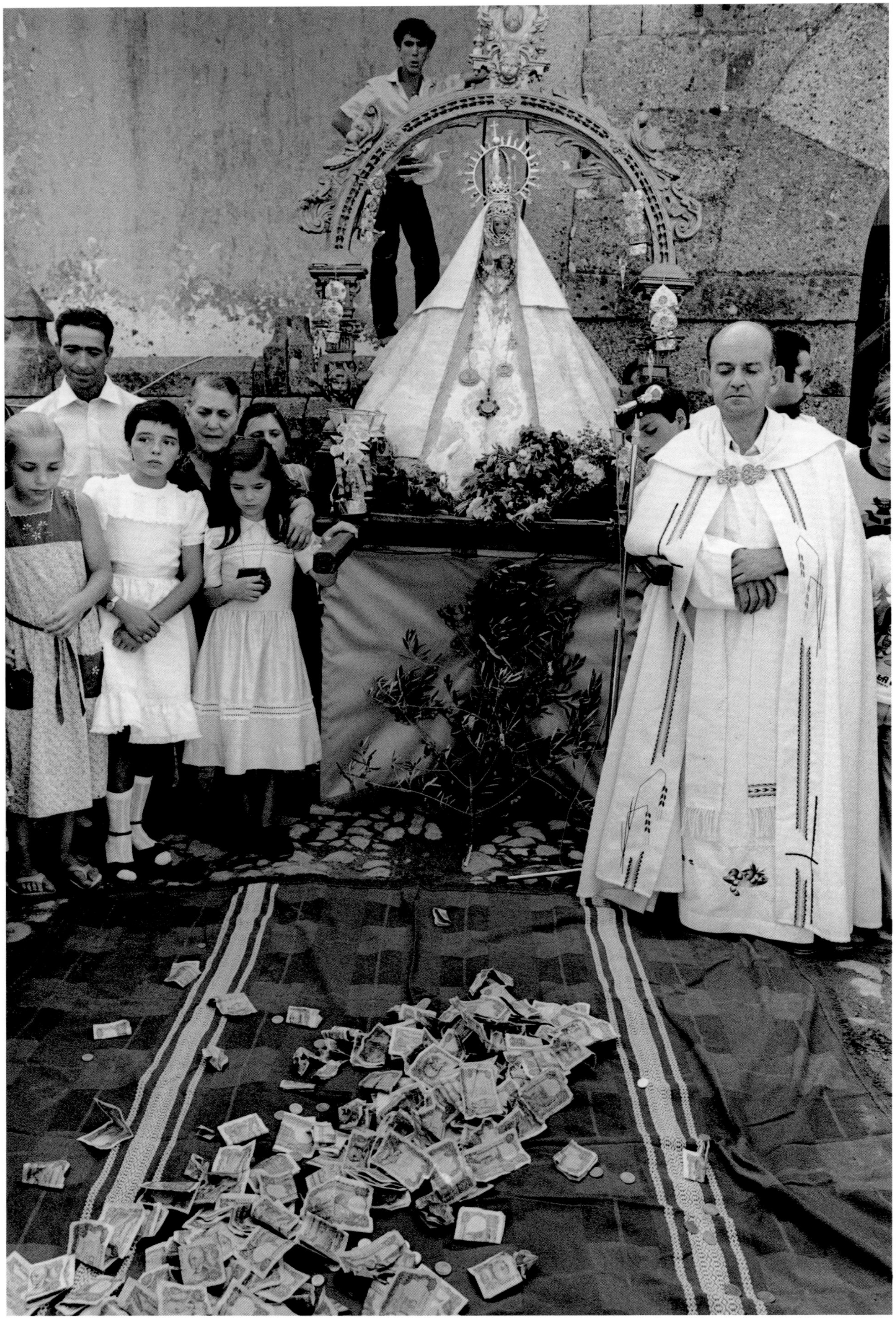

38

39

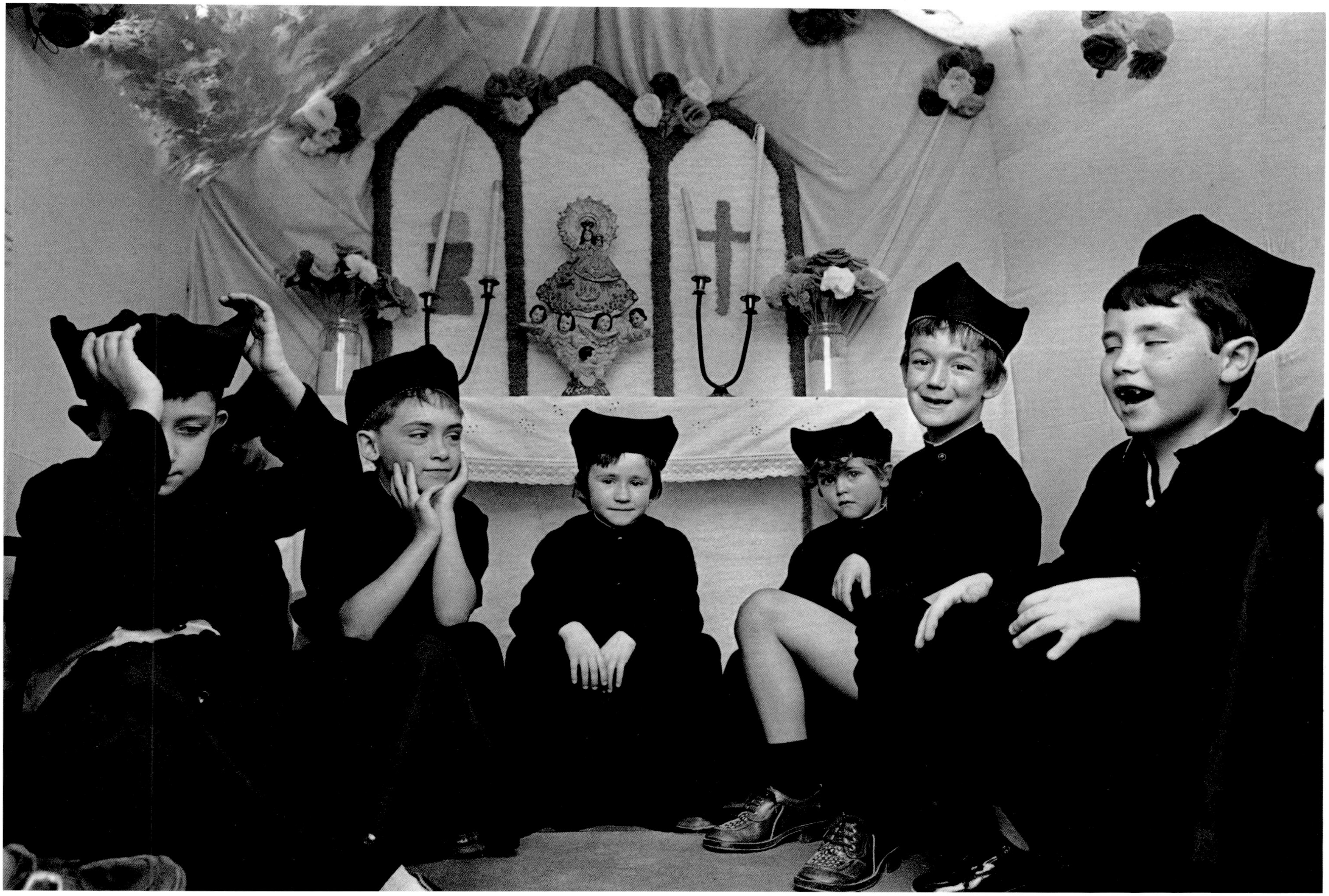

41

42

43

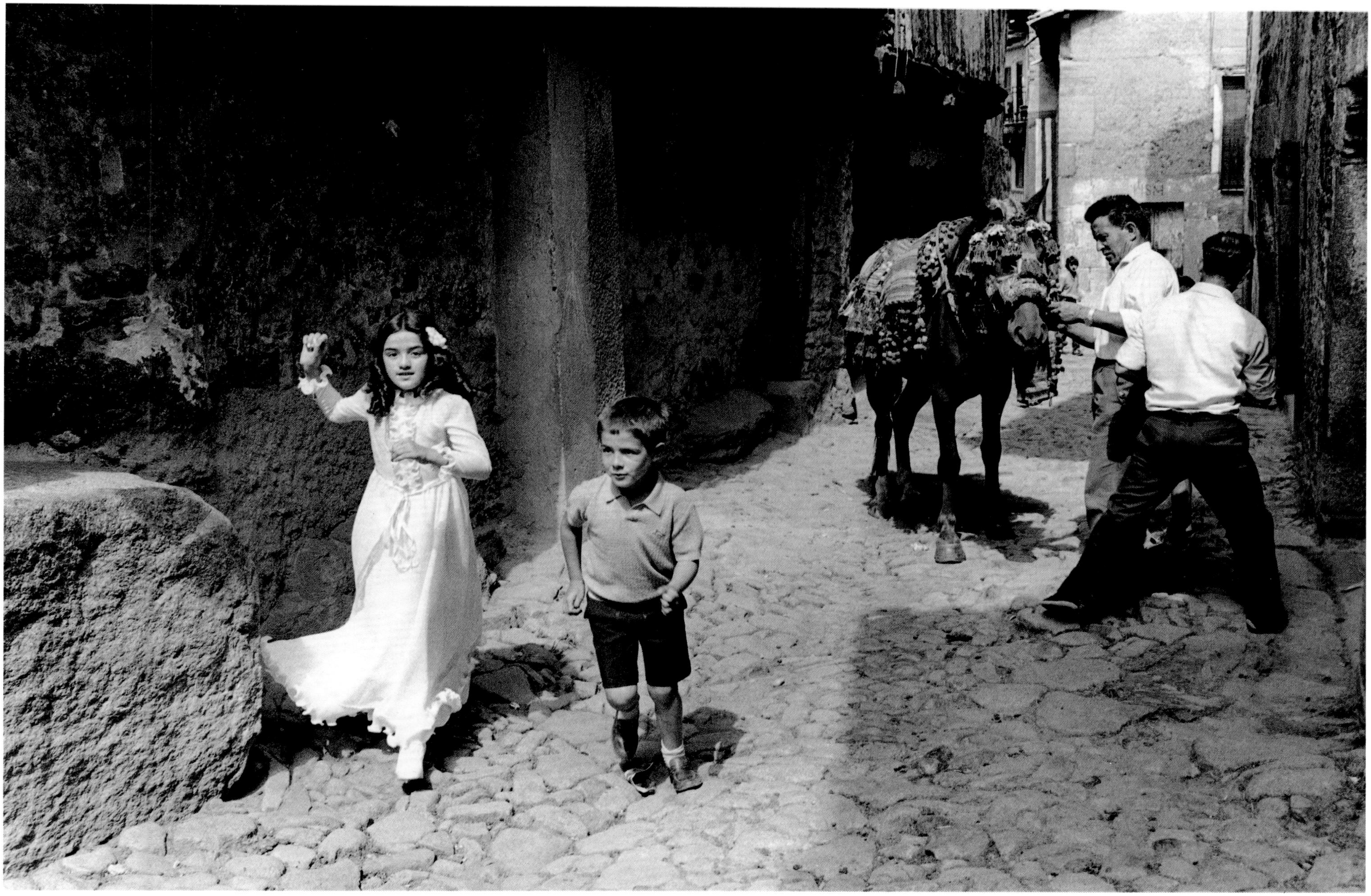

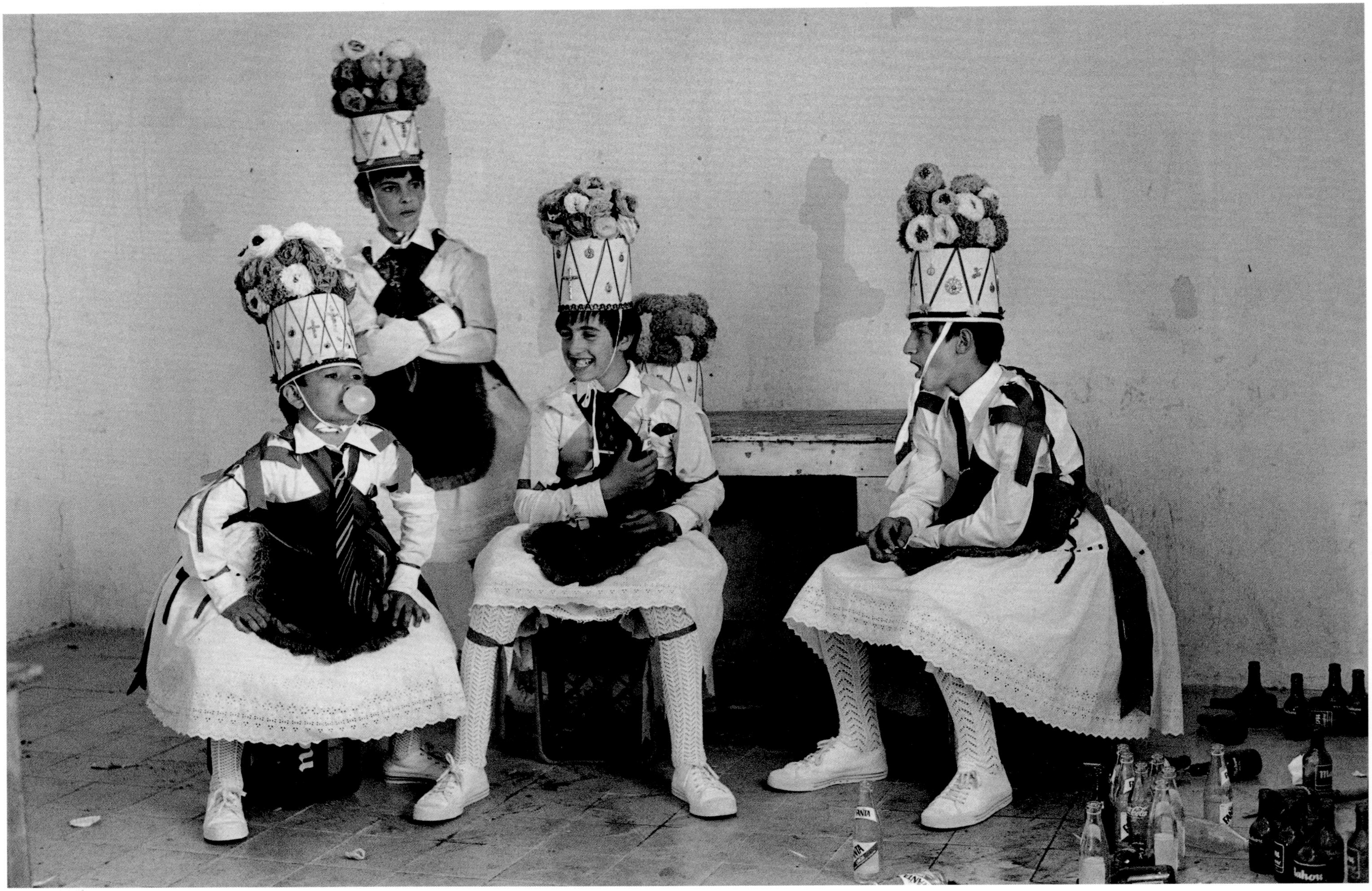

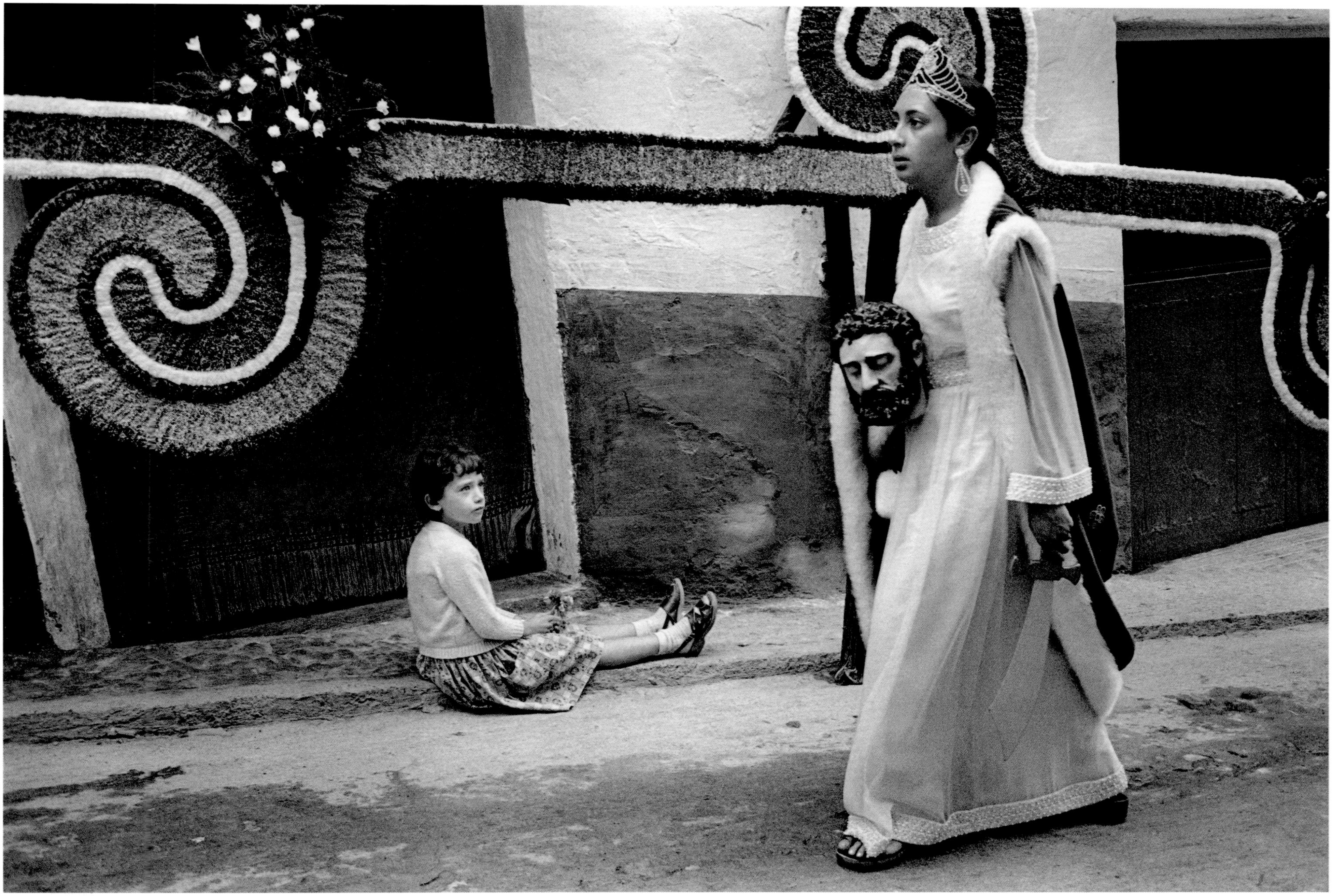

47

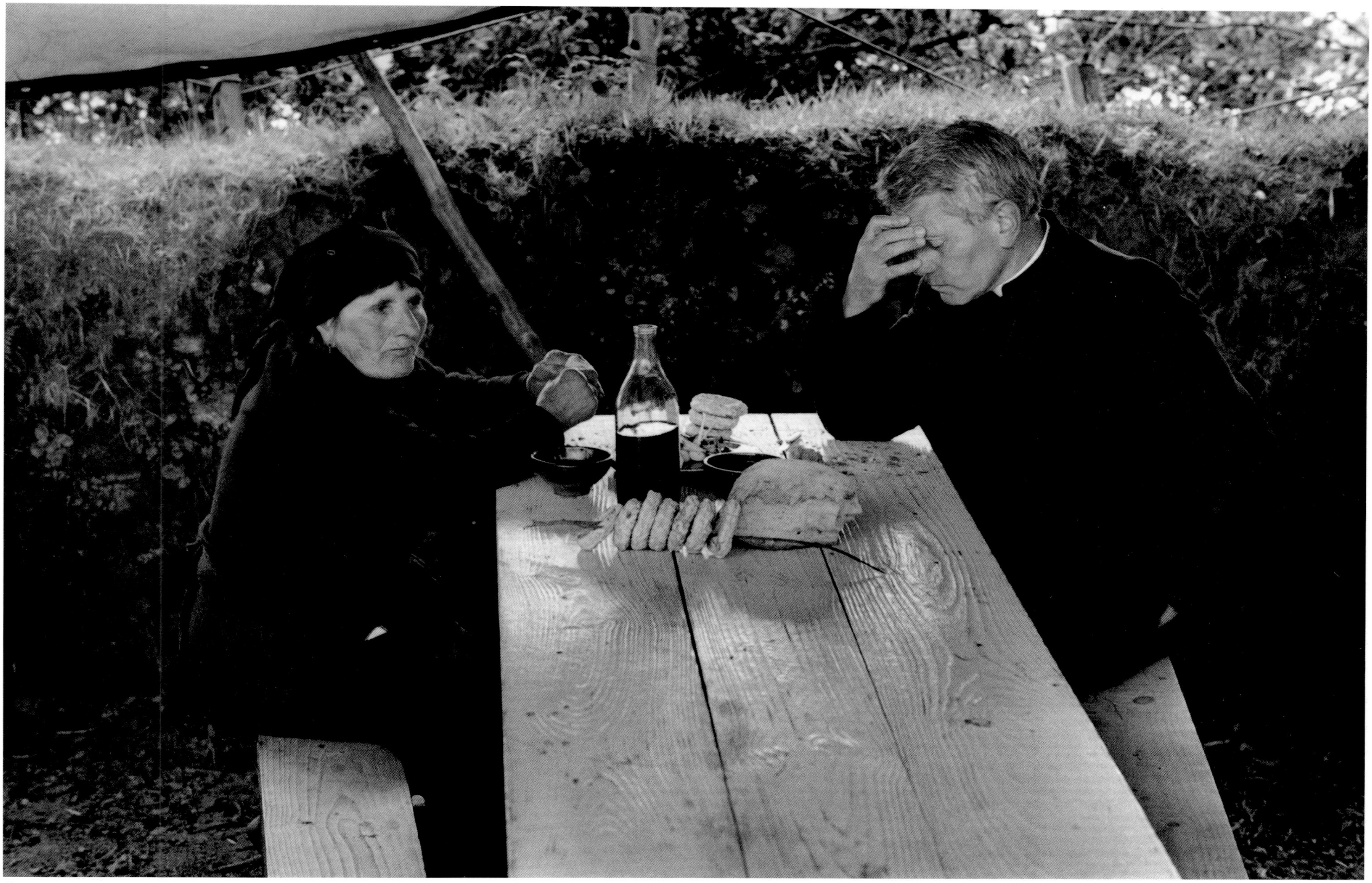

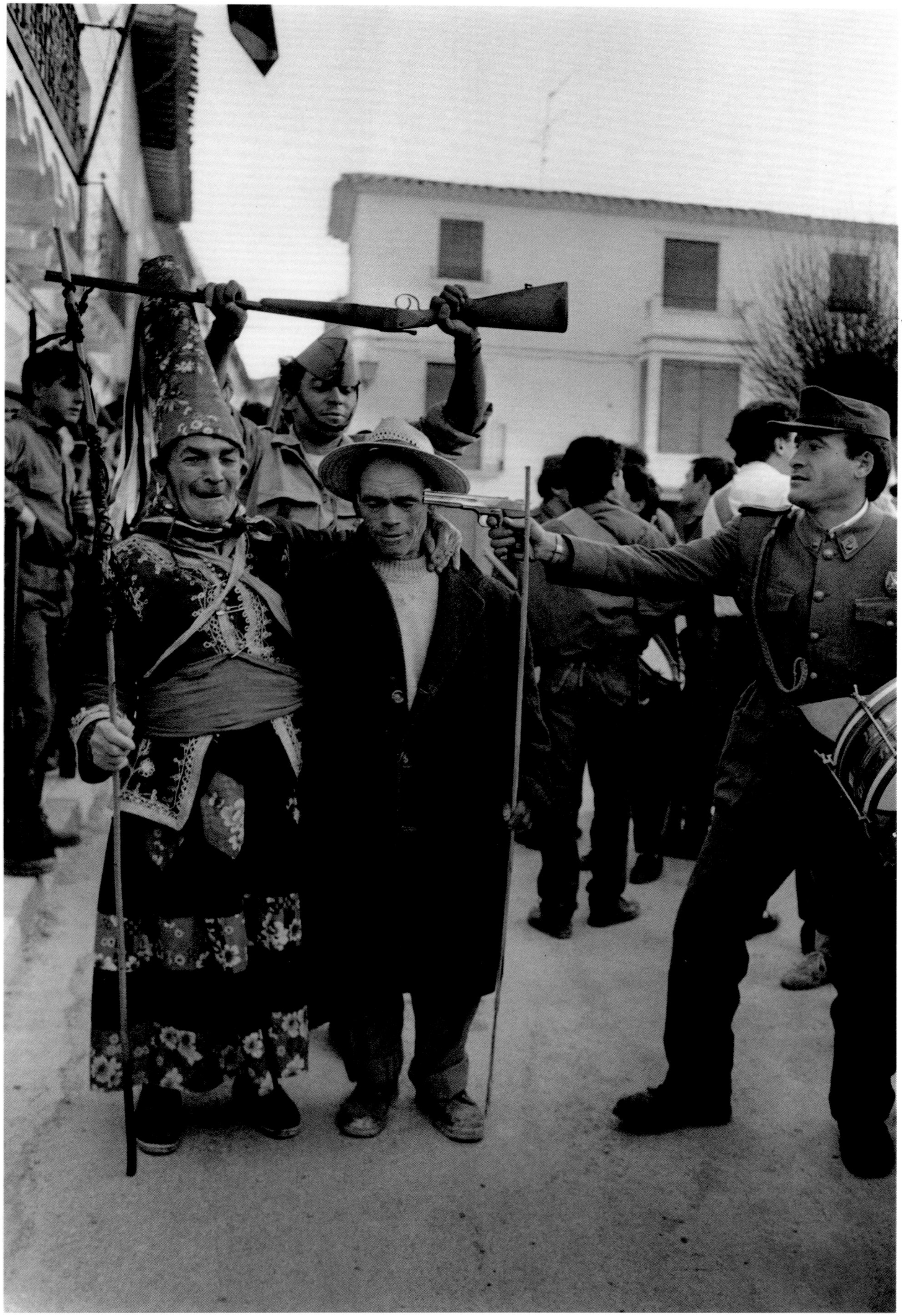

50

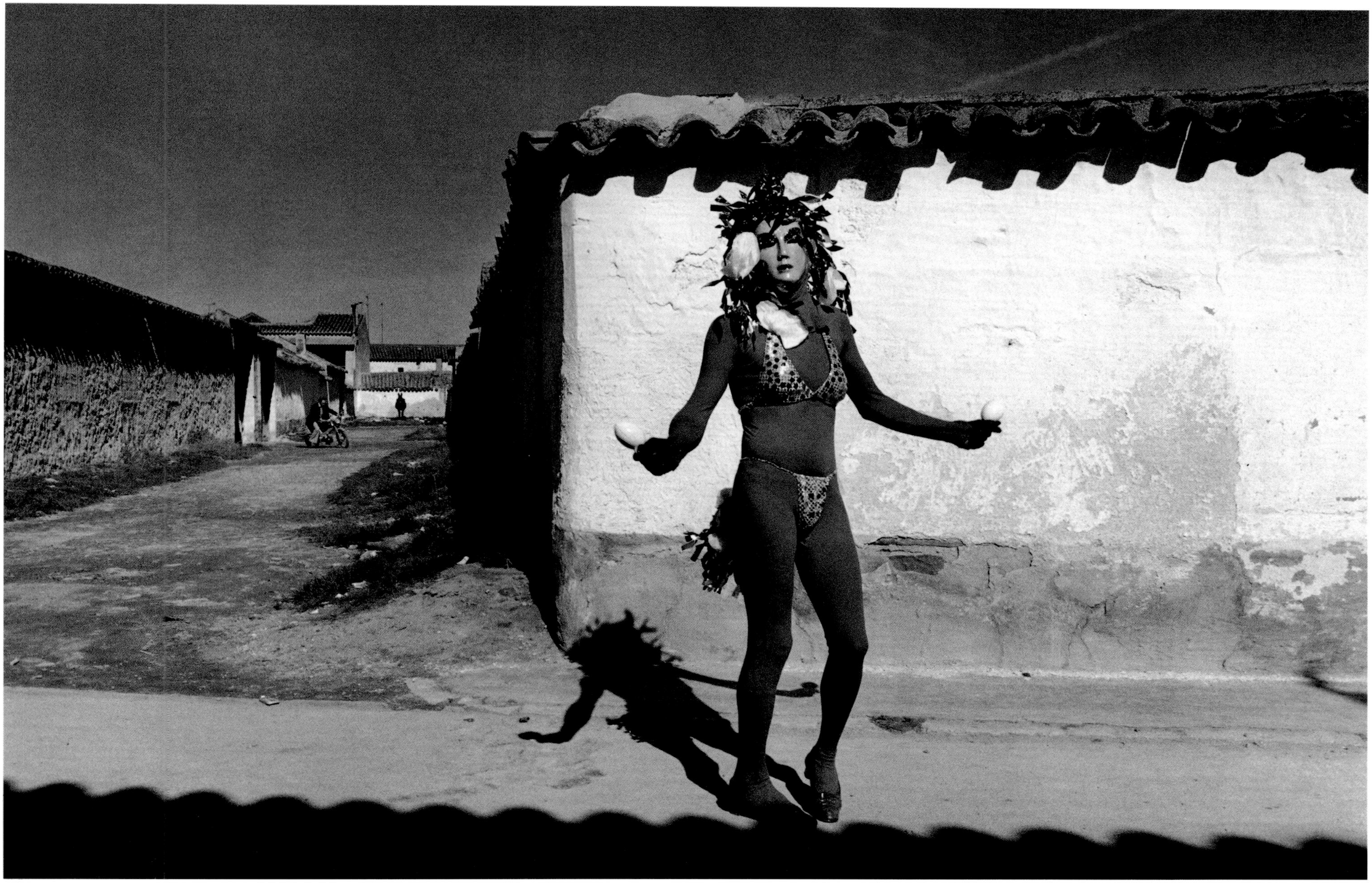

52

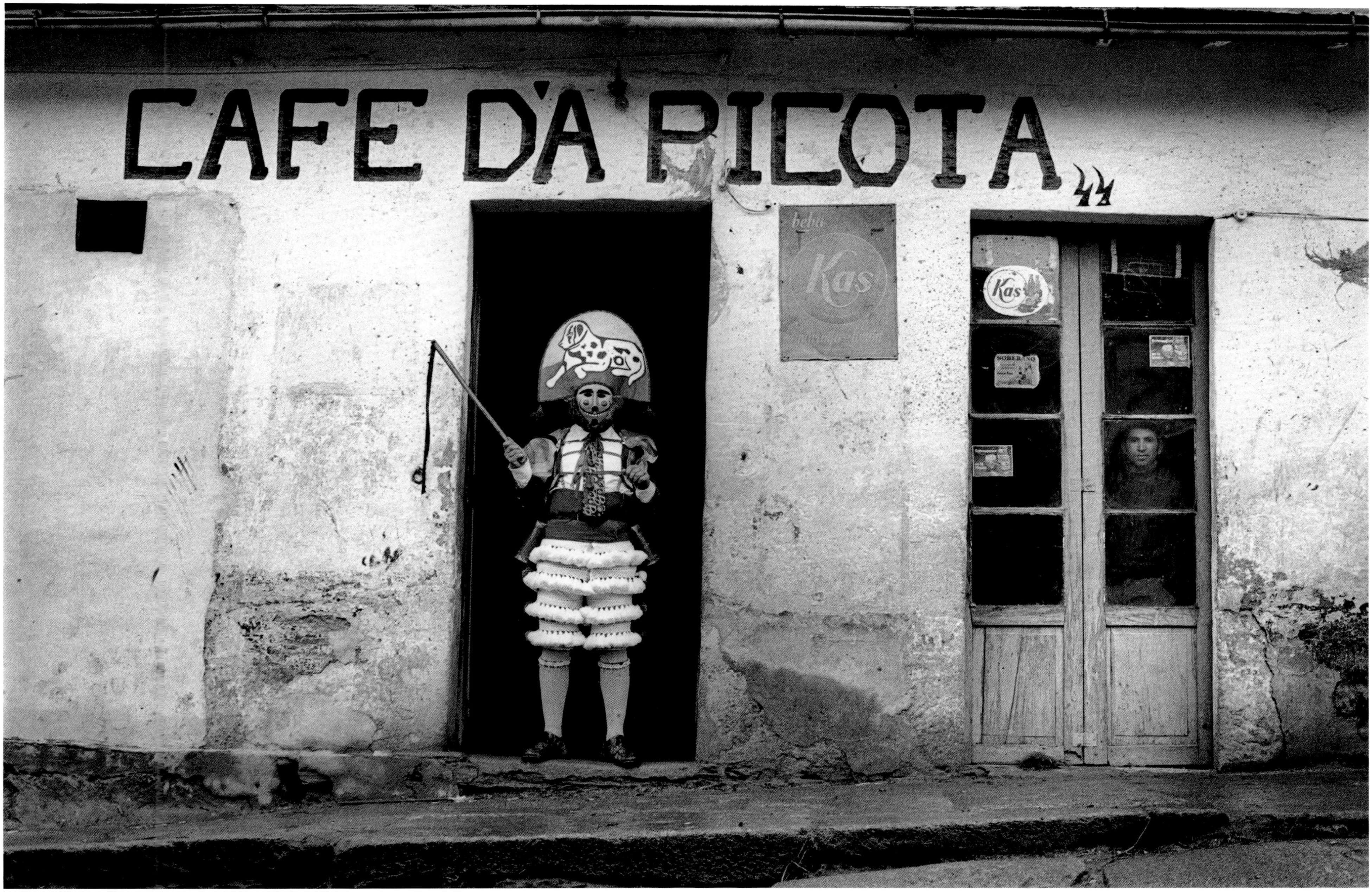
CAFE D'A PICOTA
beba
Kas
Kas

54

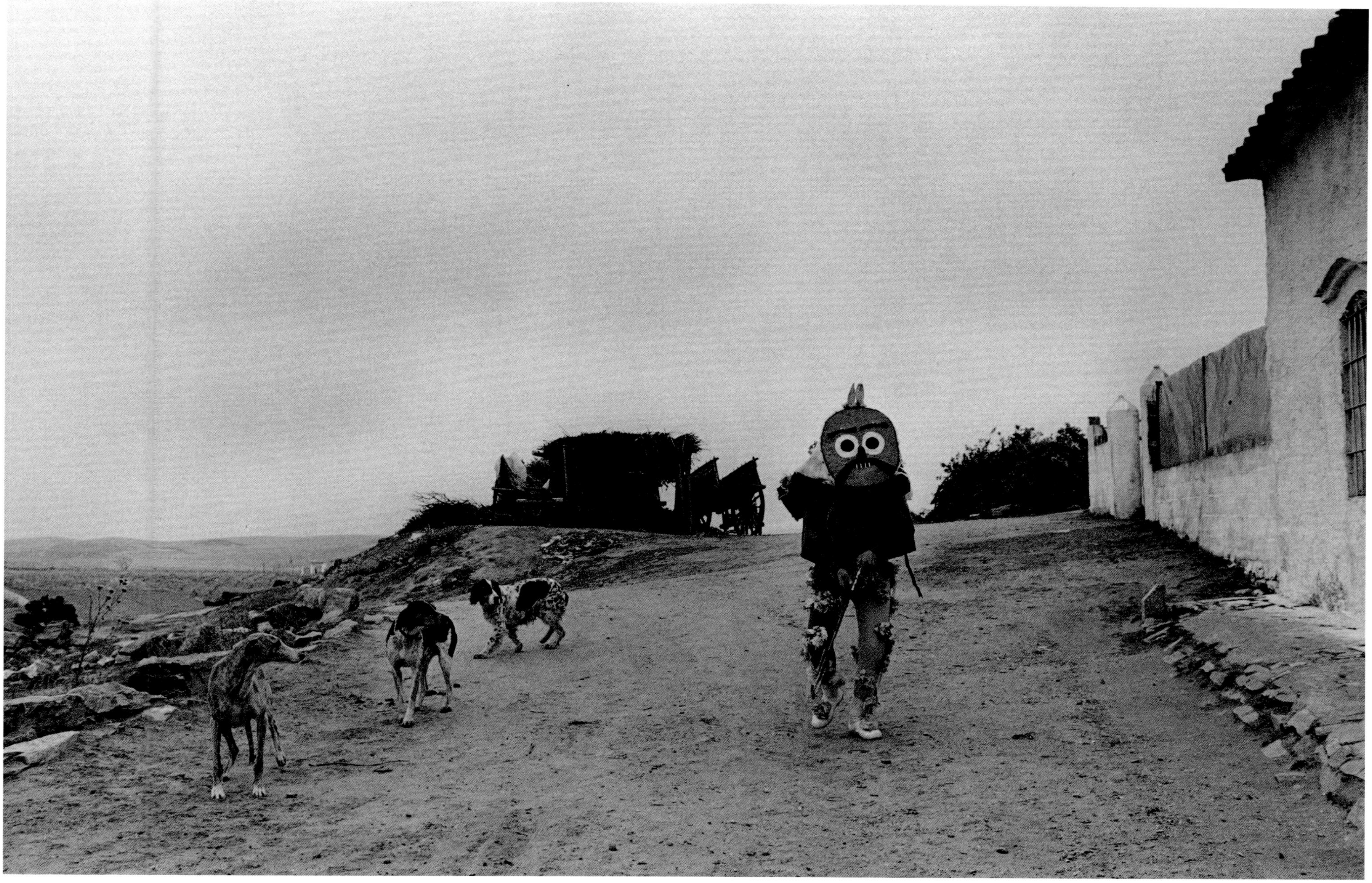

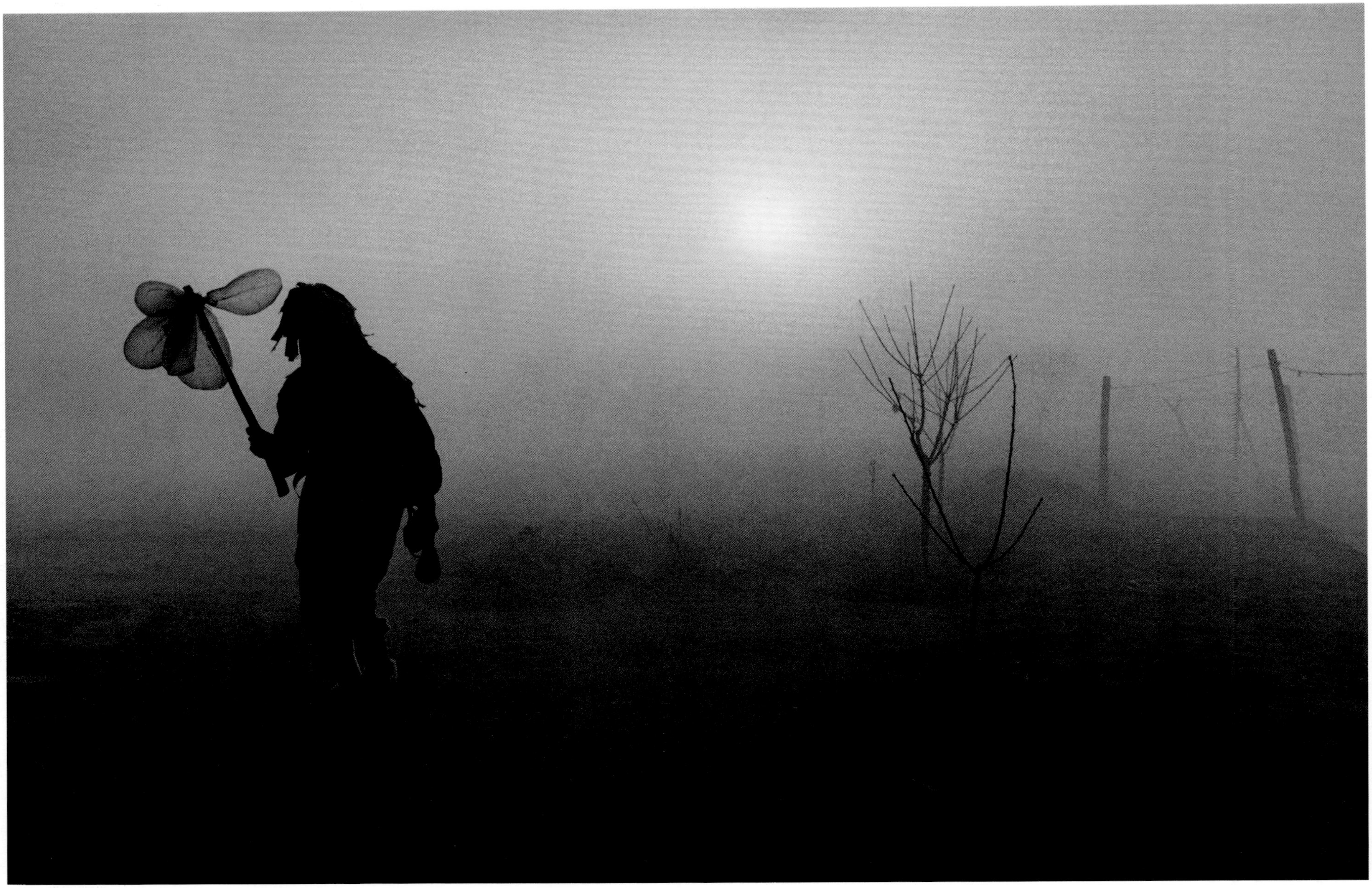

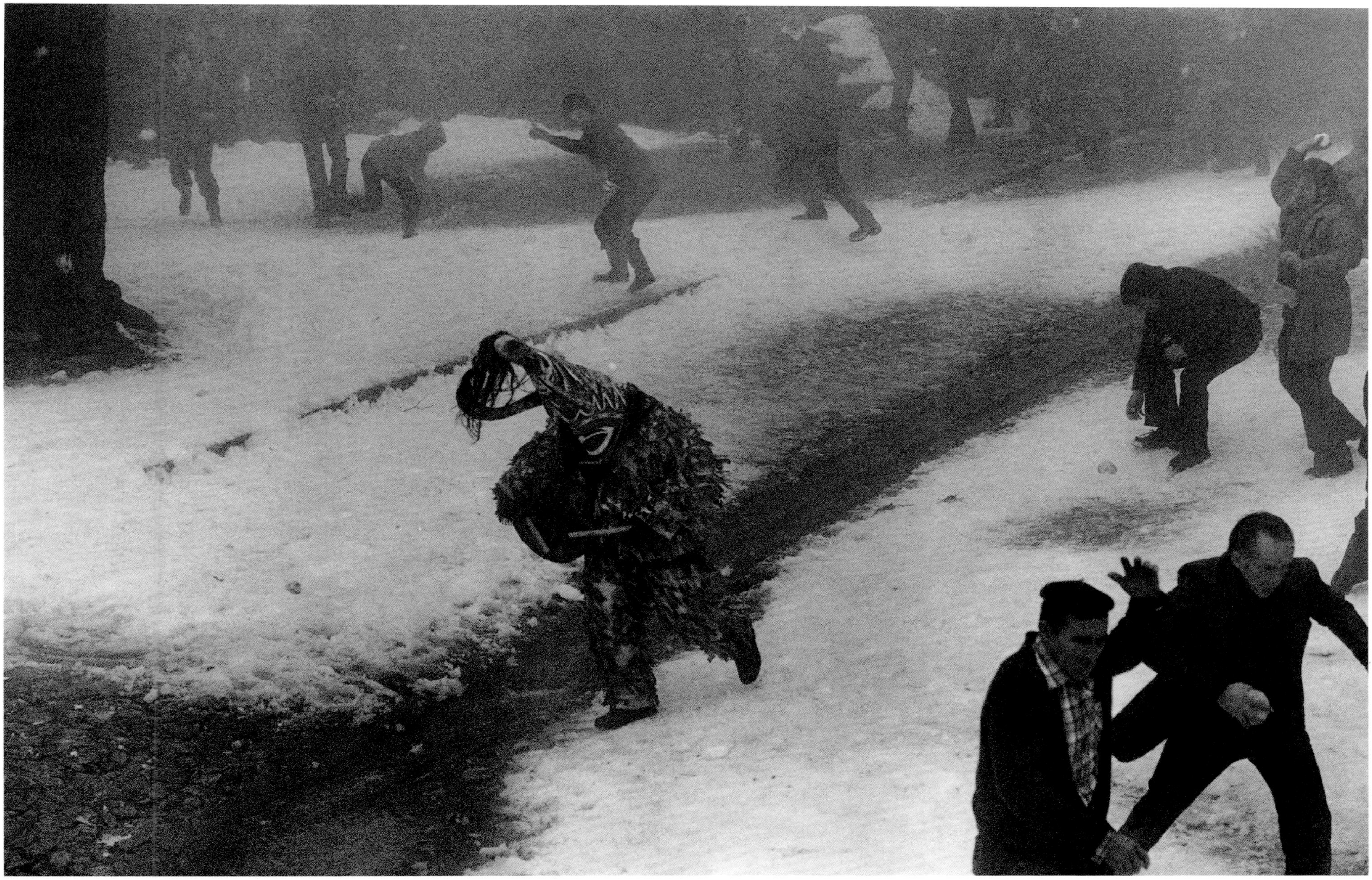

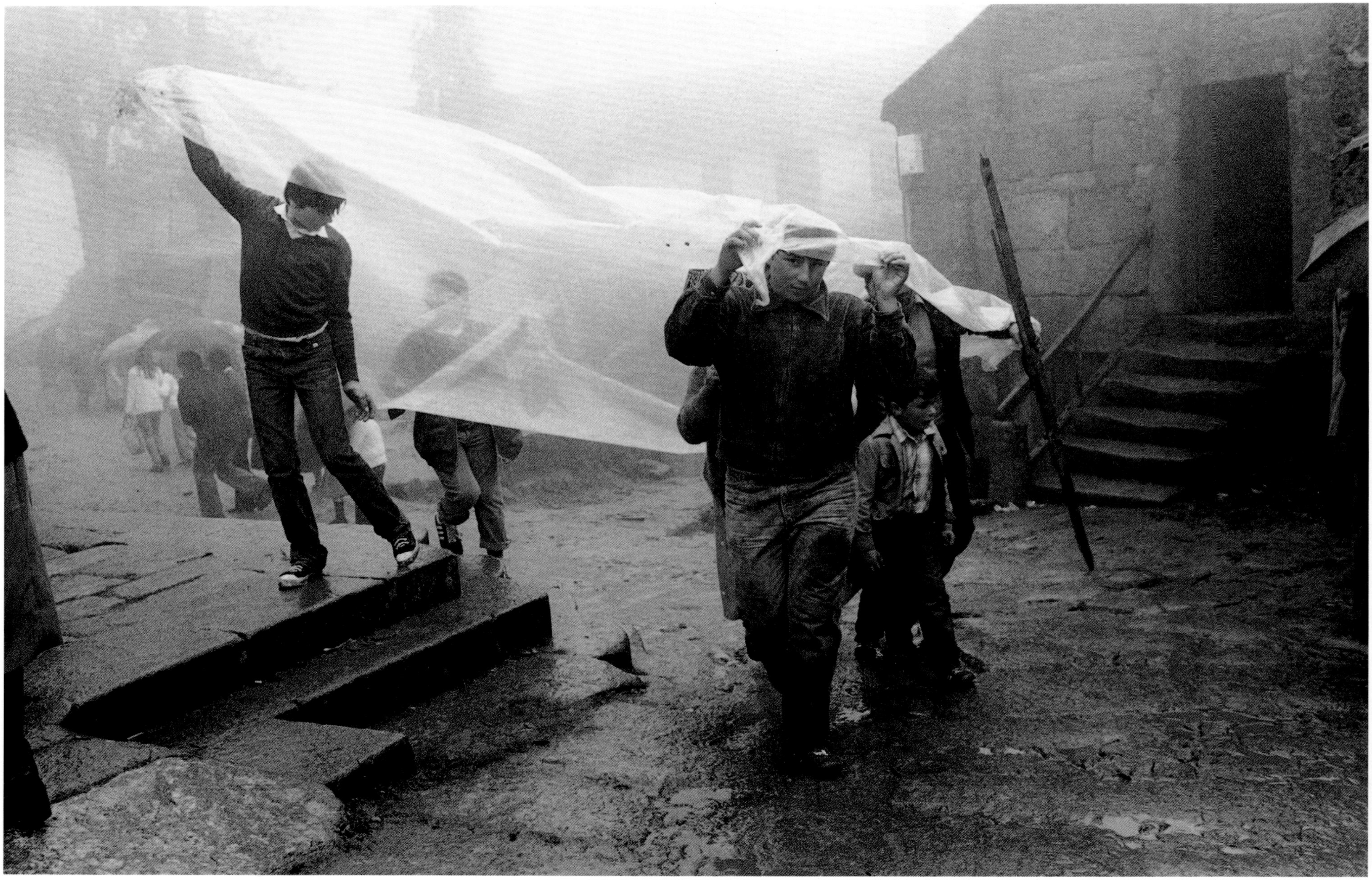

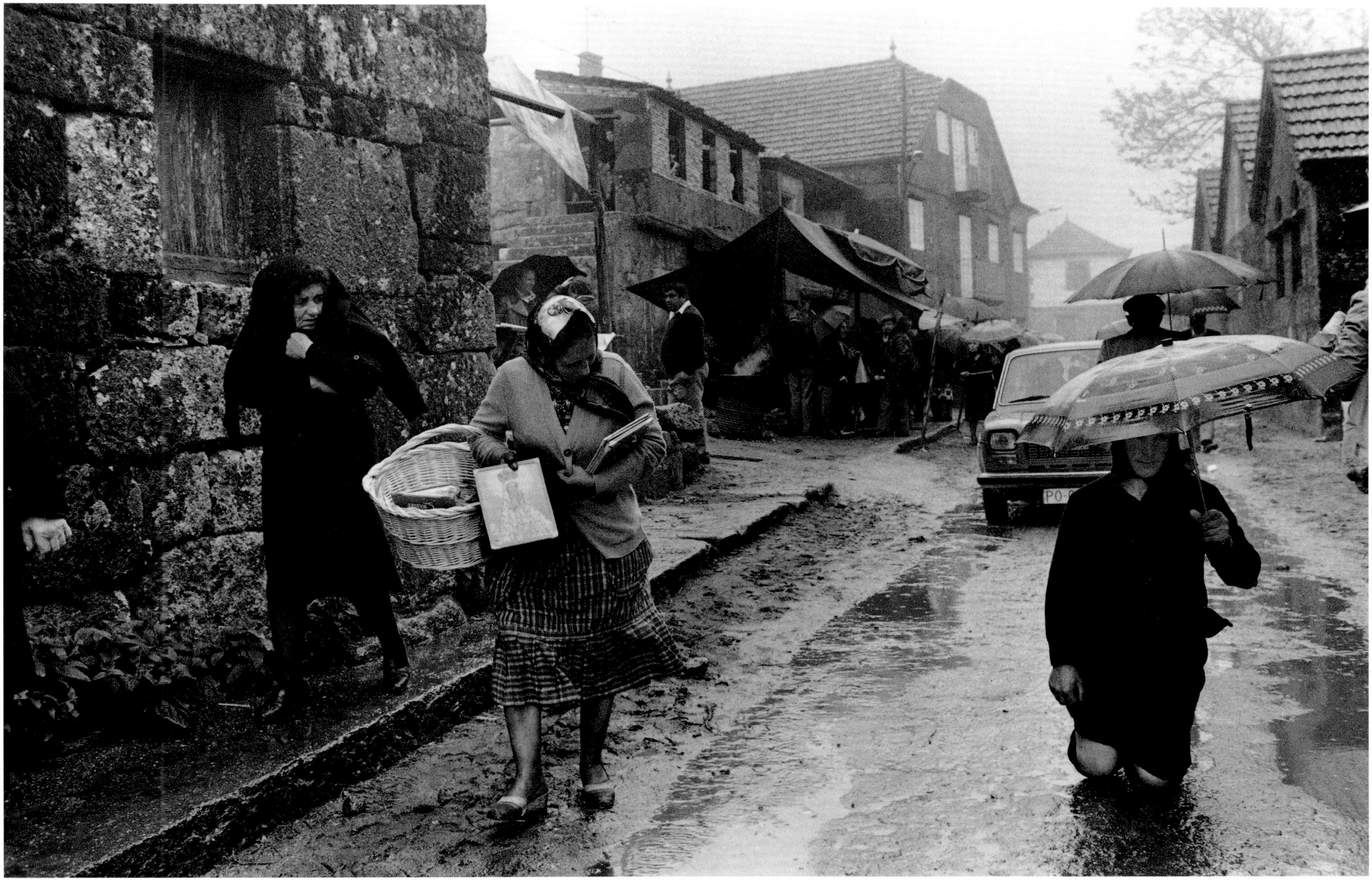
PO

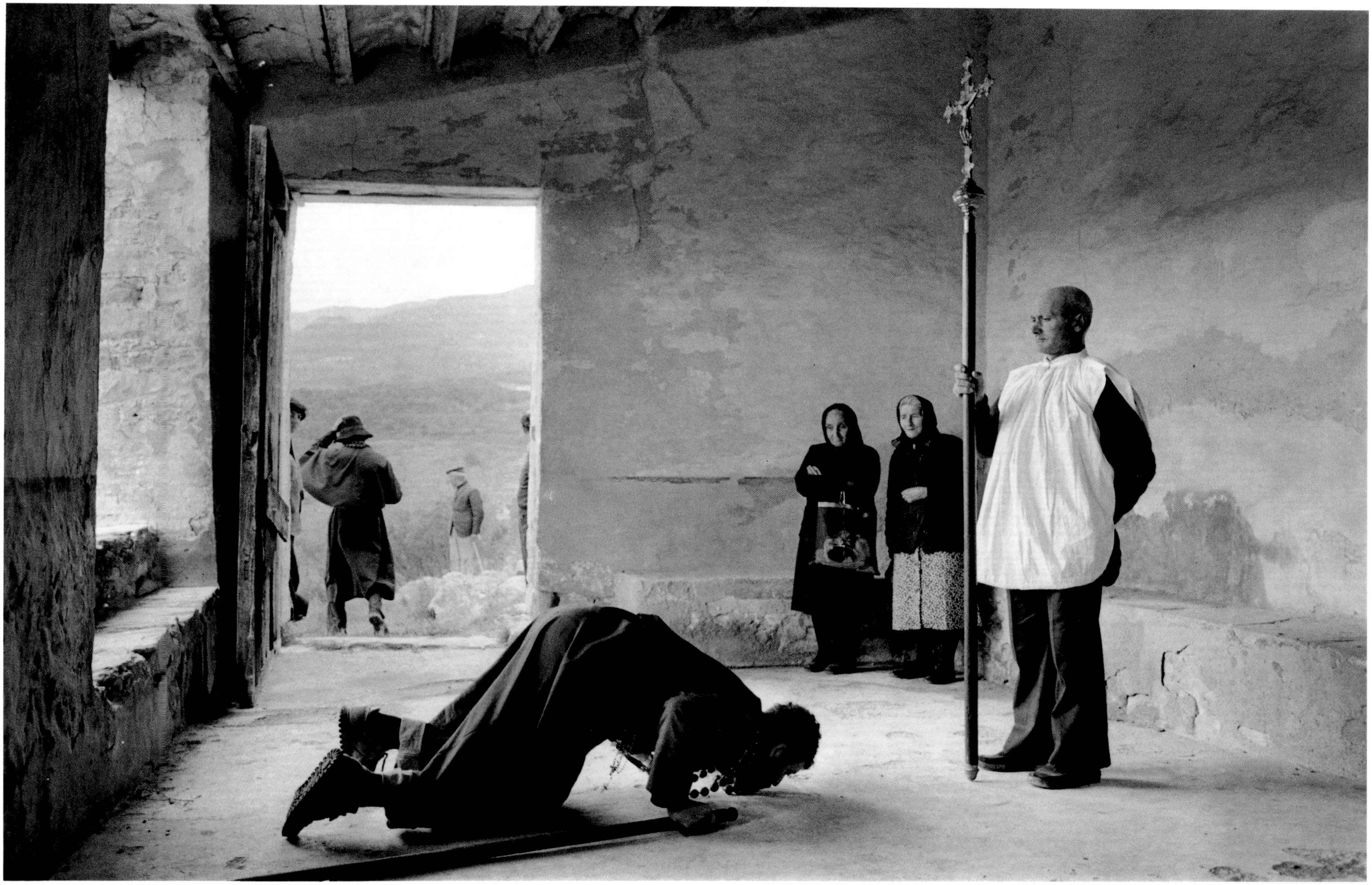

61

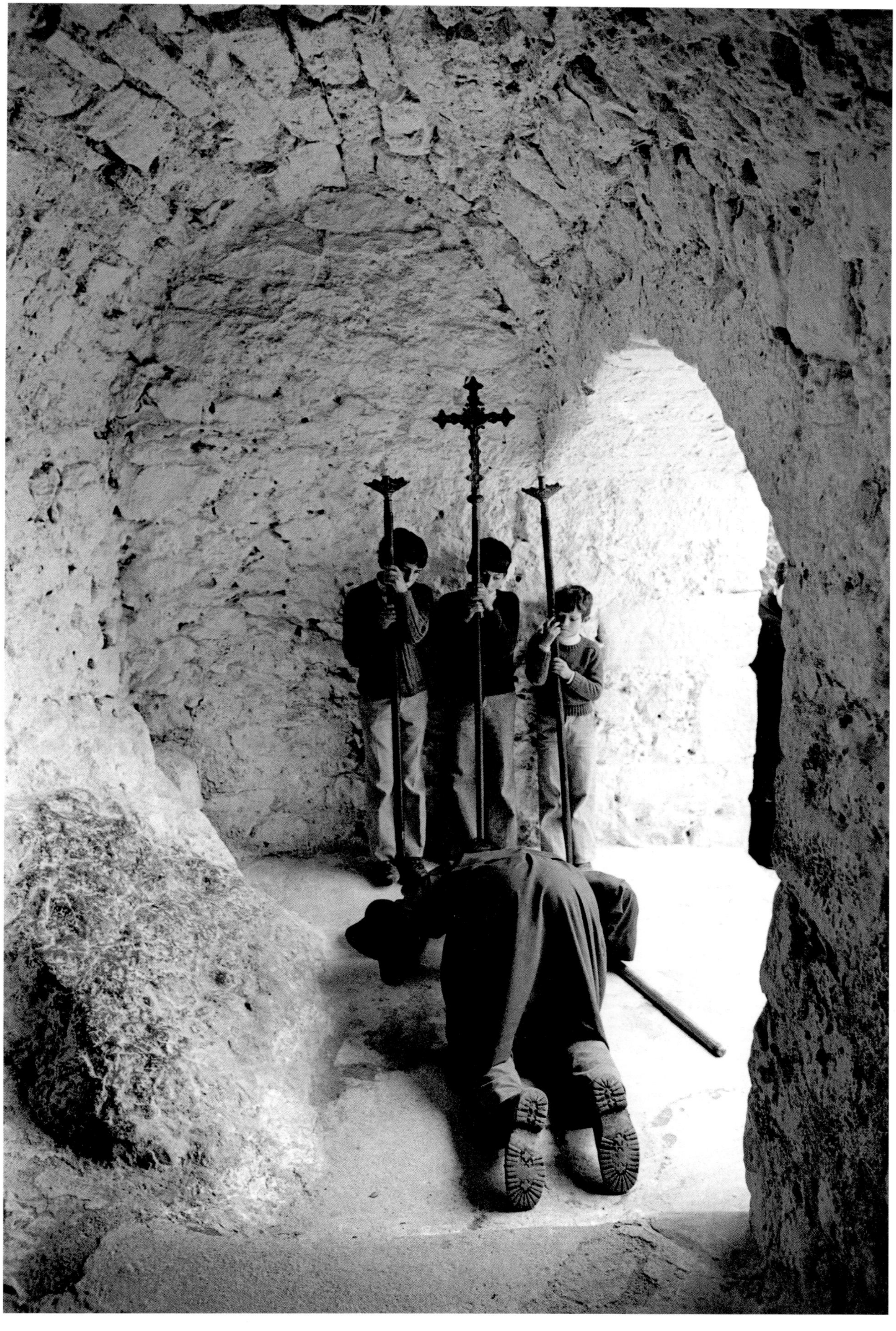

63

64

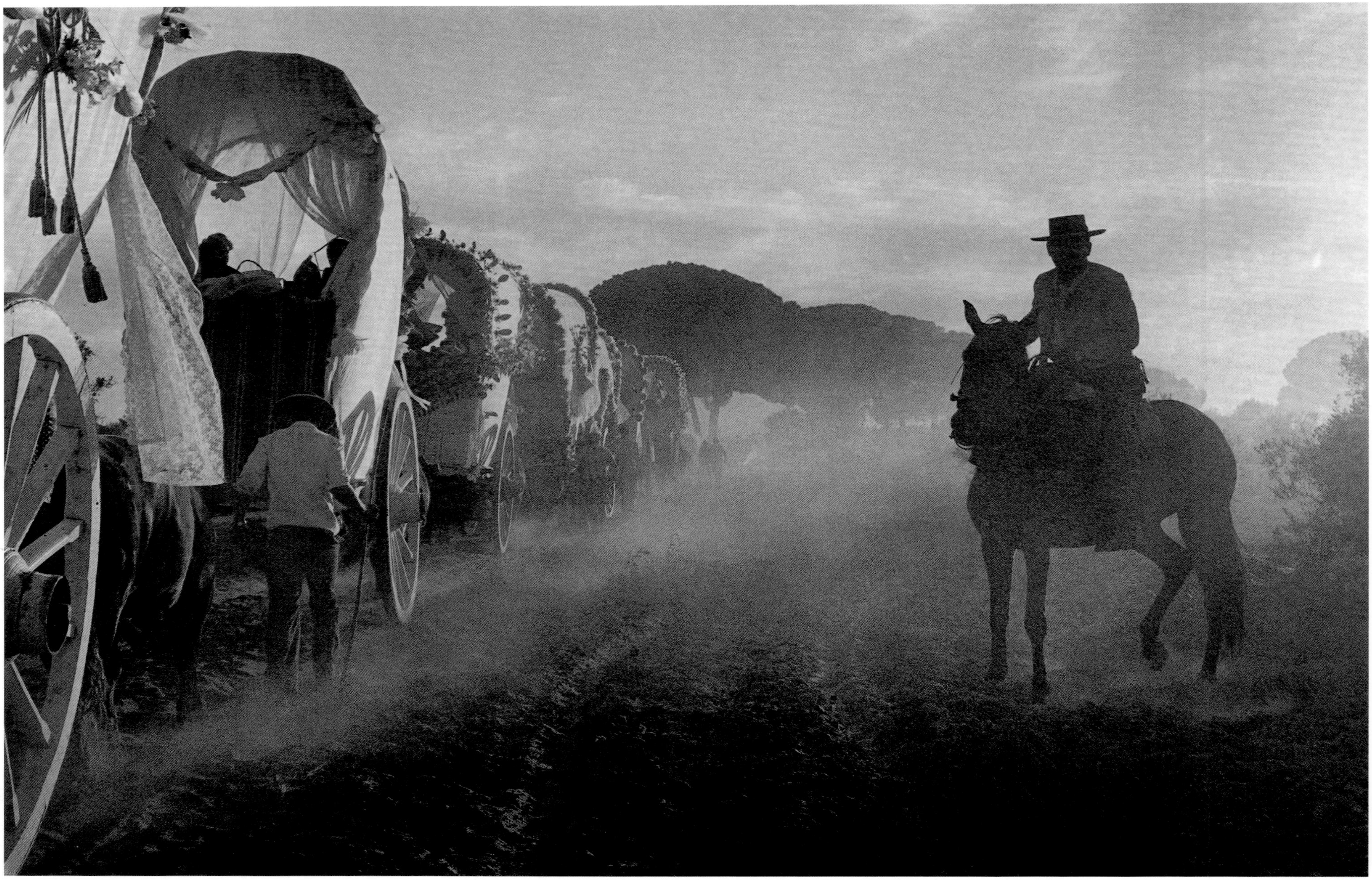

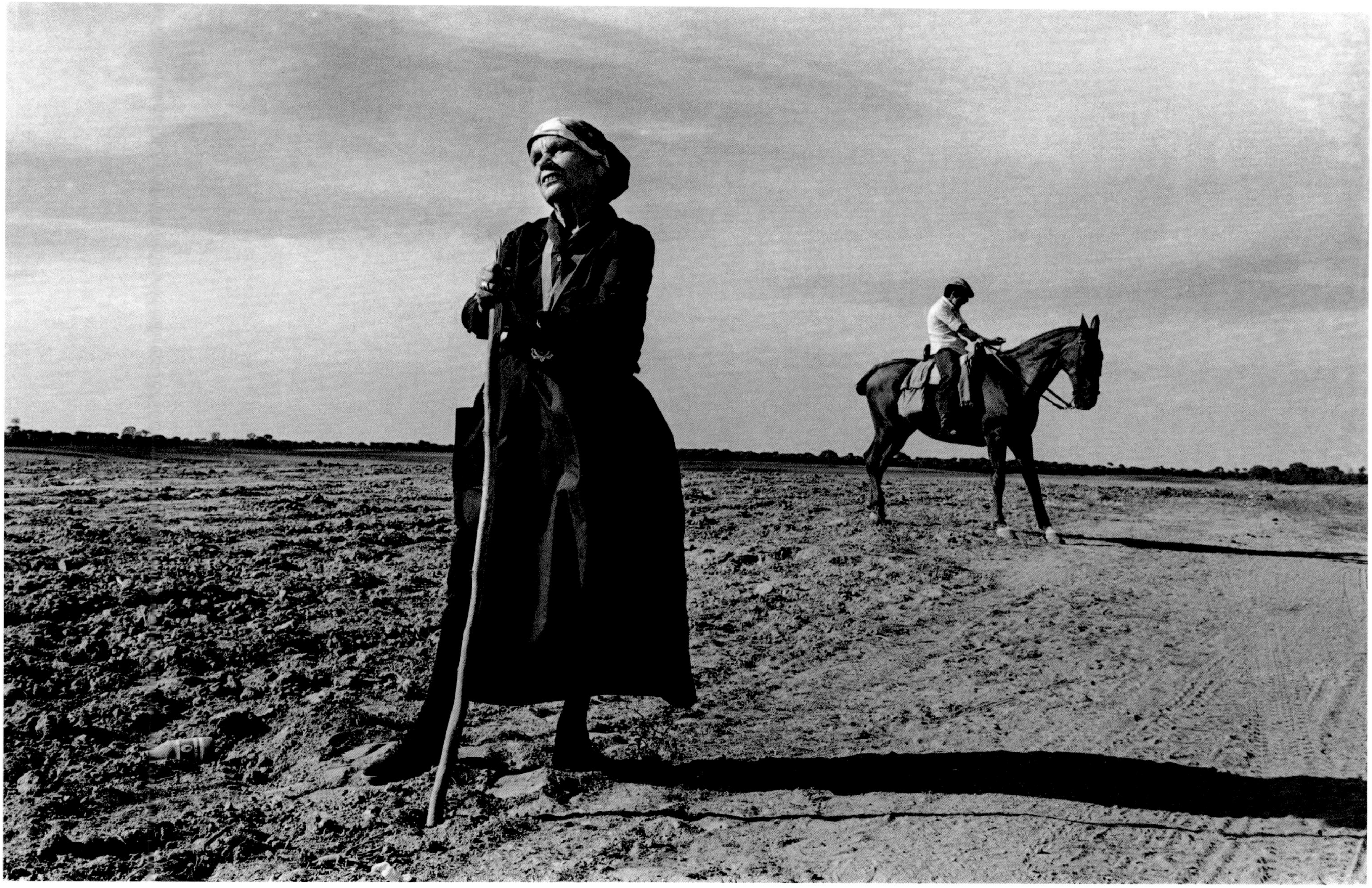

67

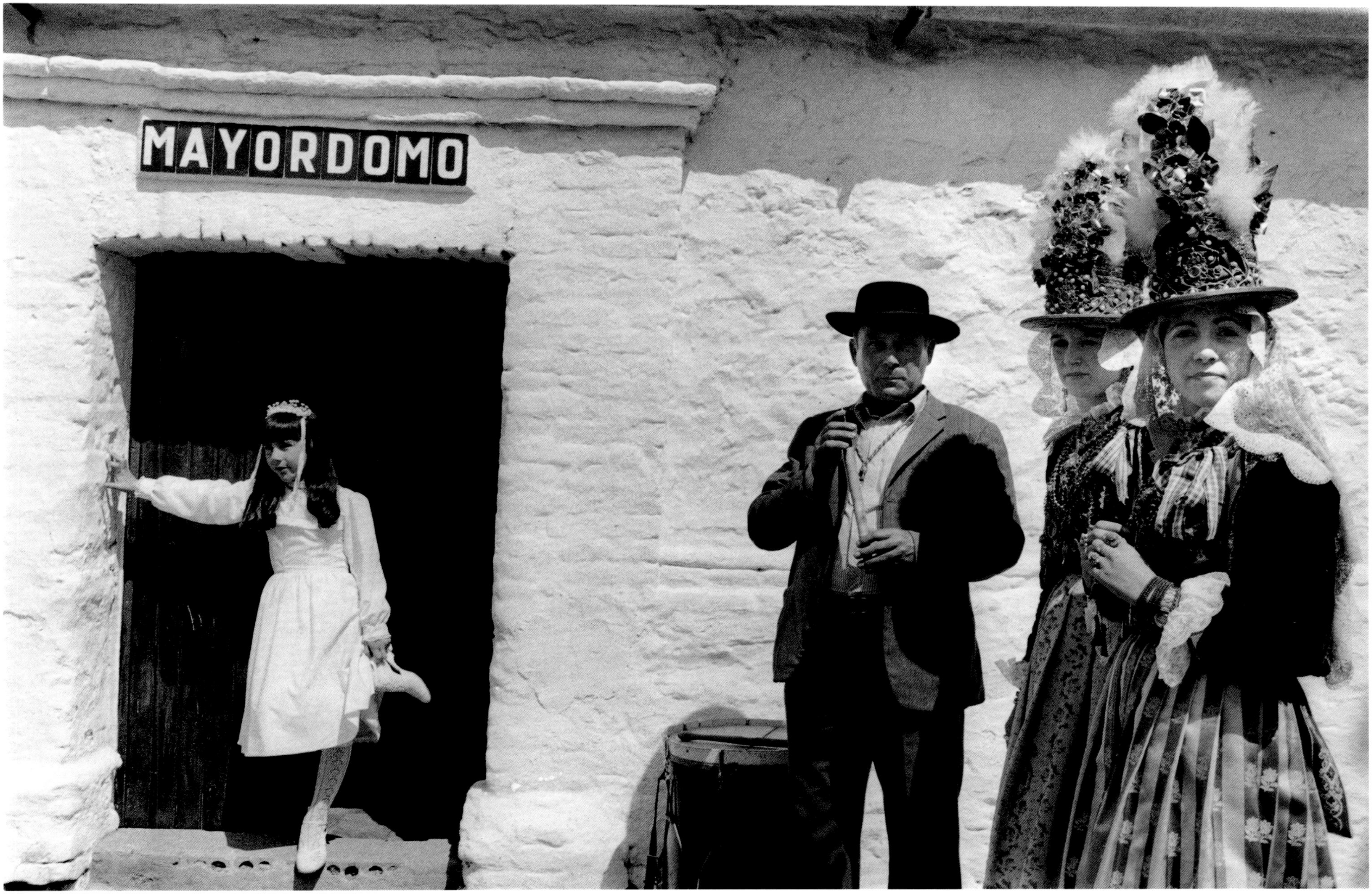
MAYORDOMO

69

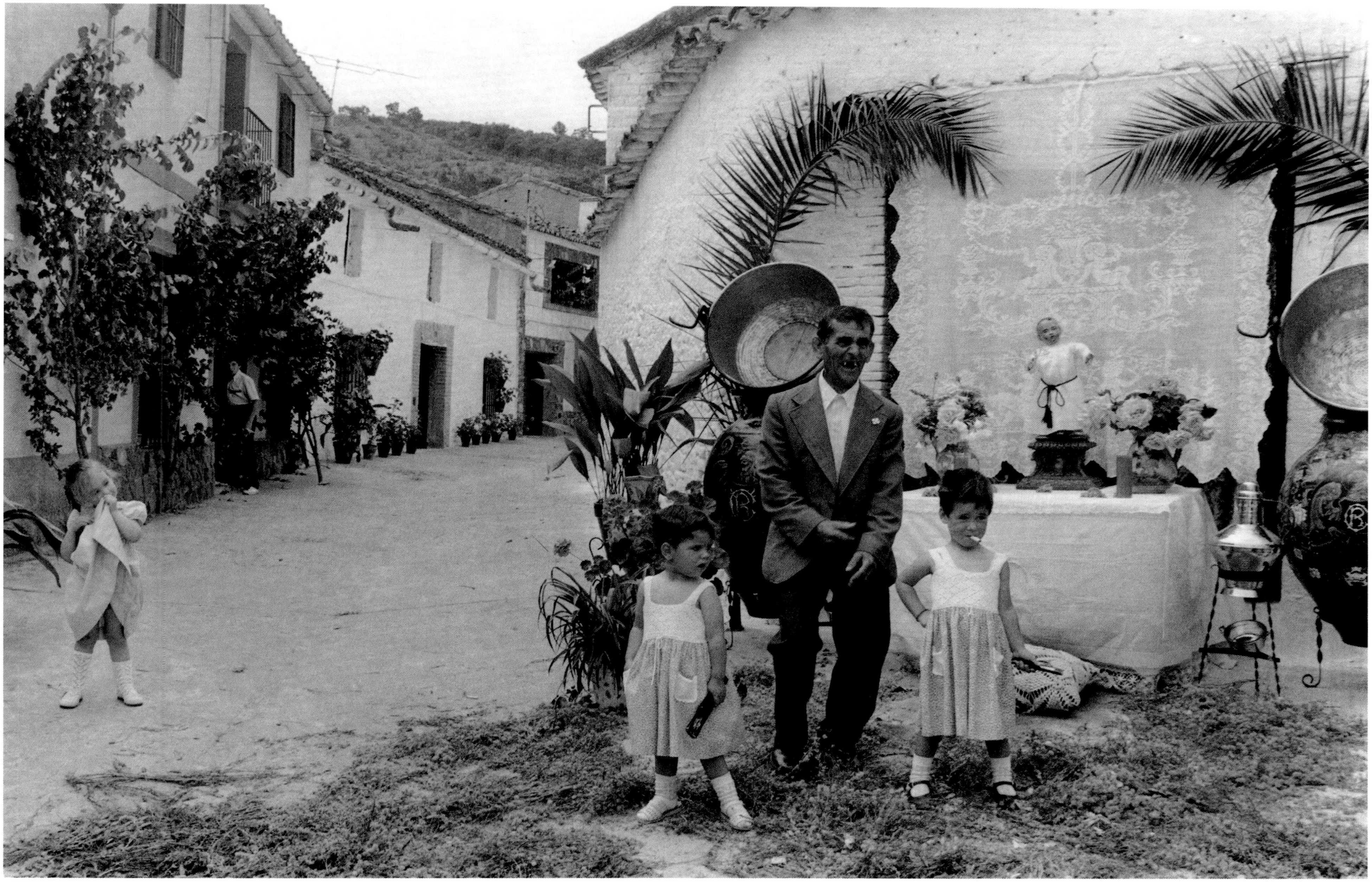

71

72

73

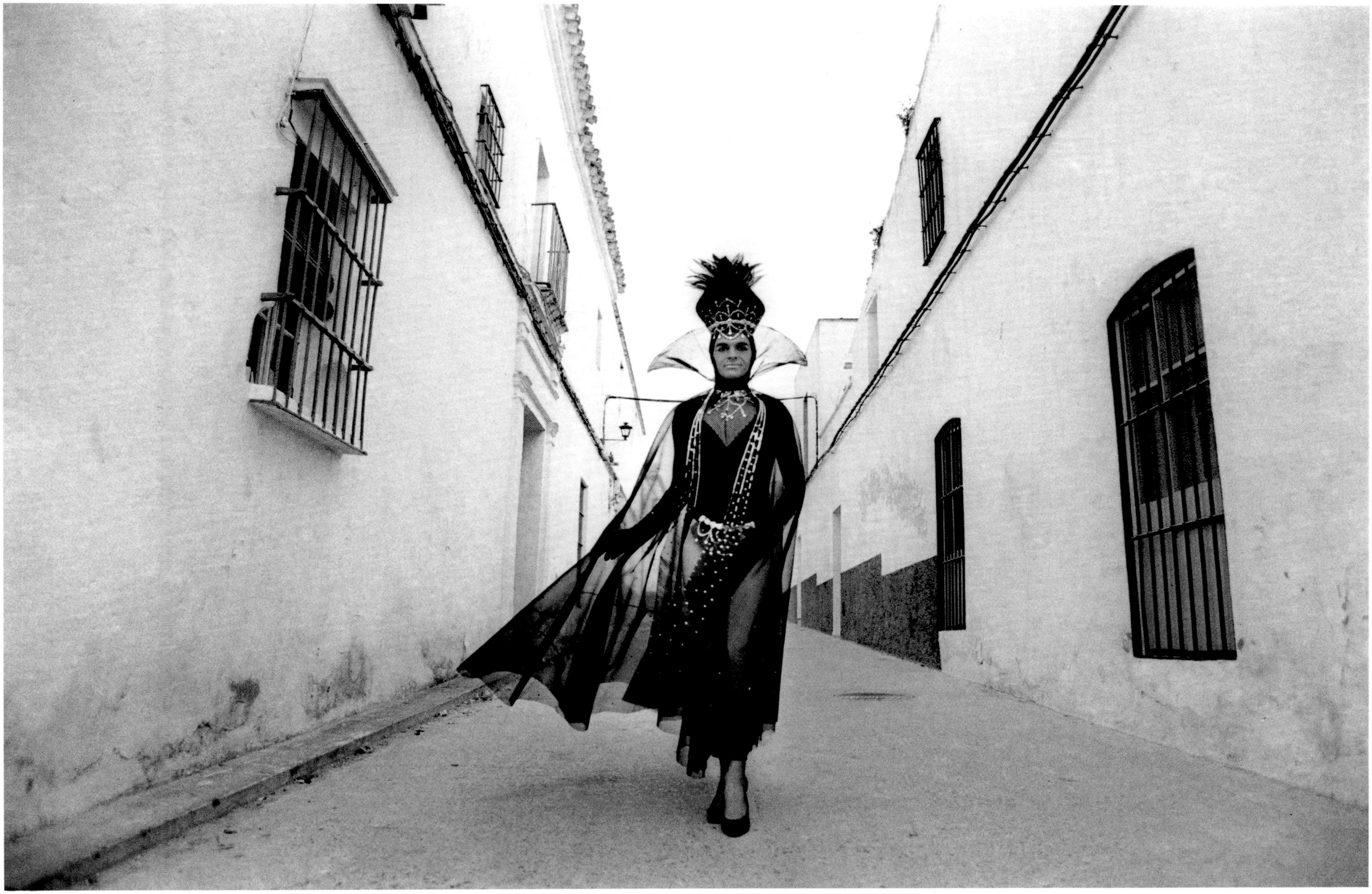

75

76

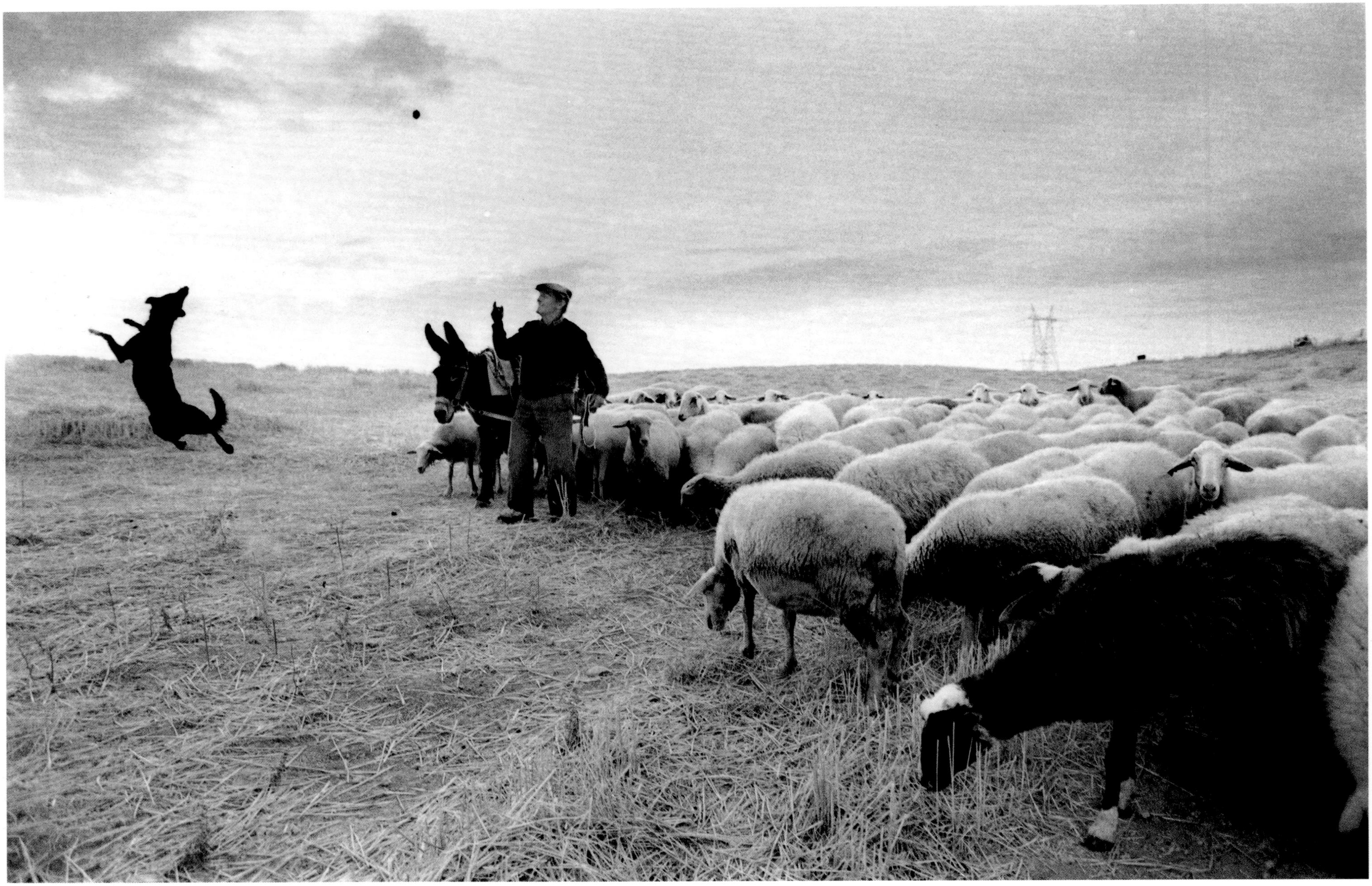

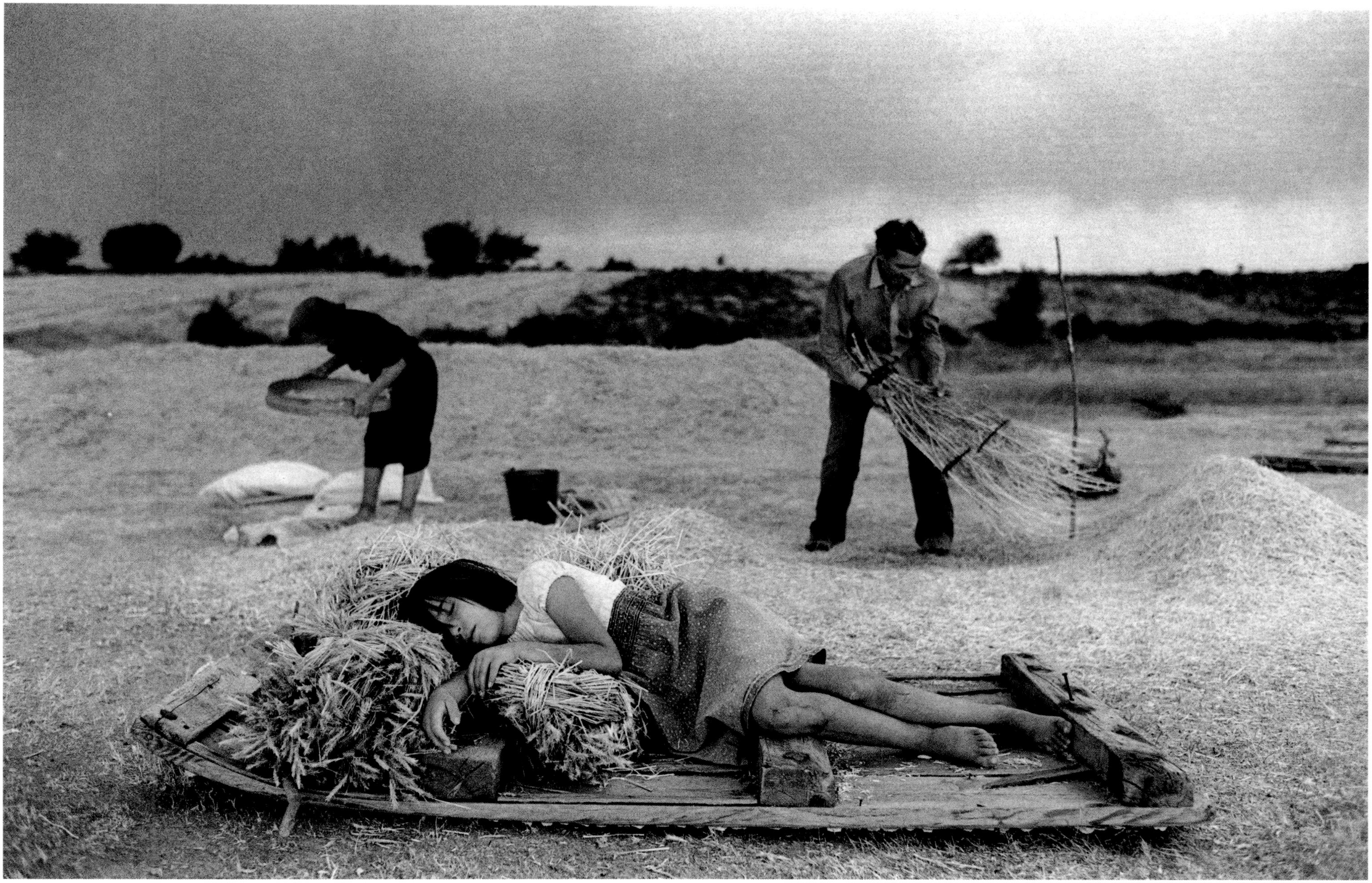

79

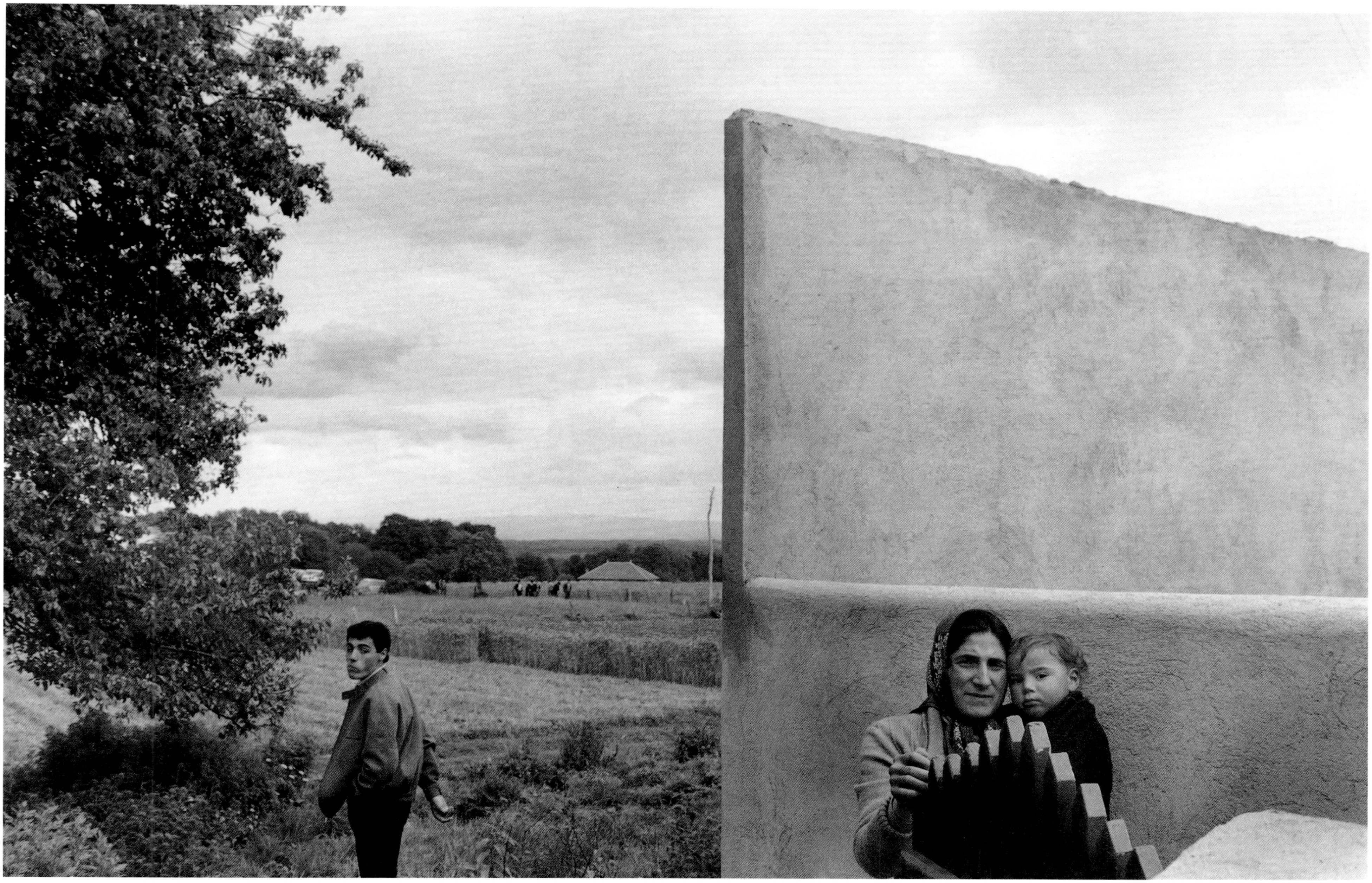

81

82

83

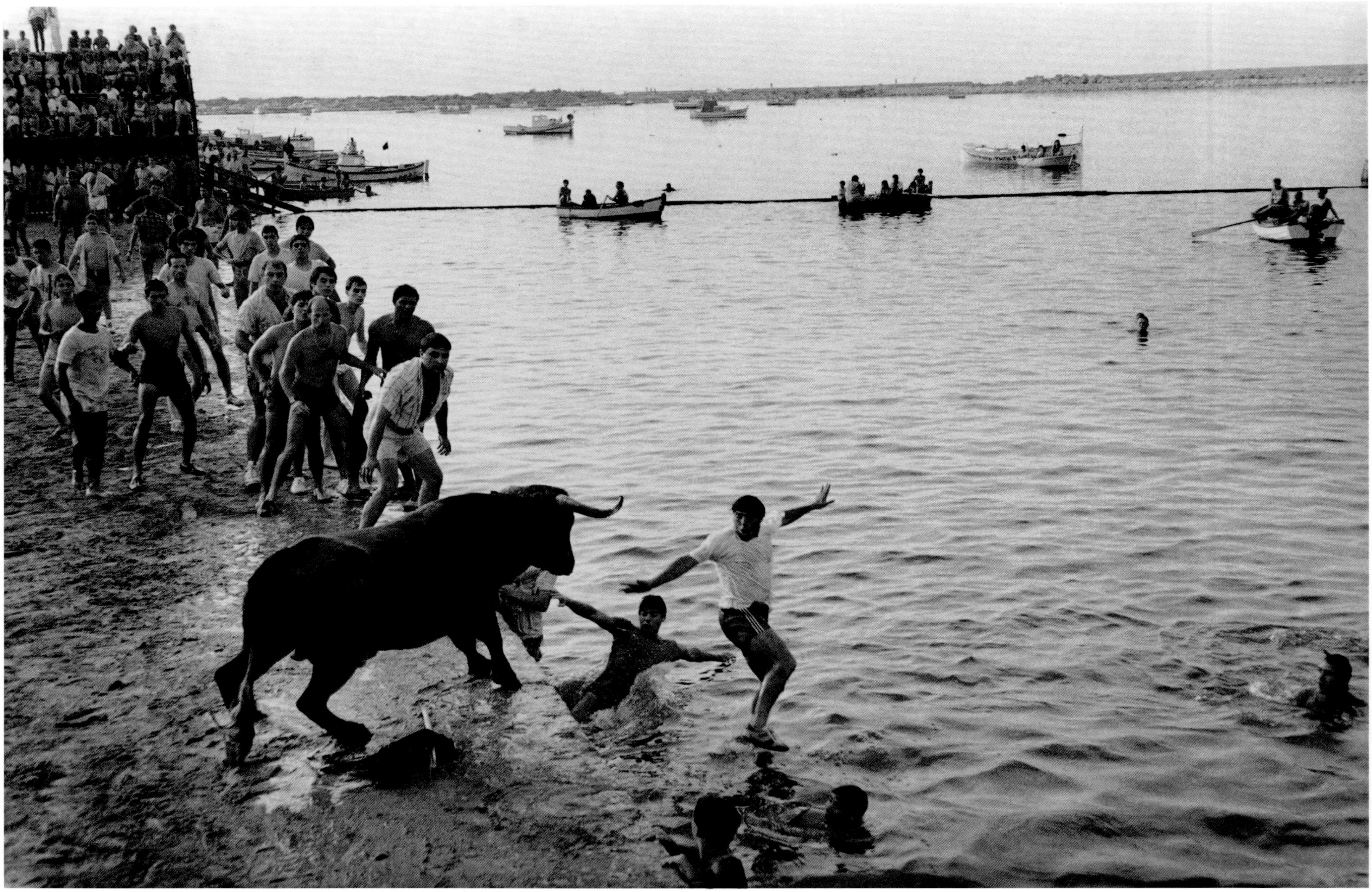

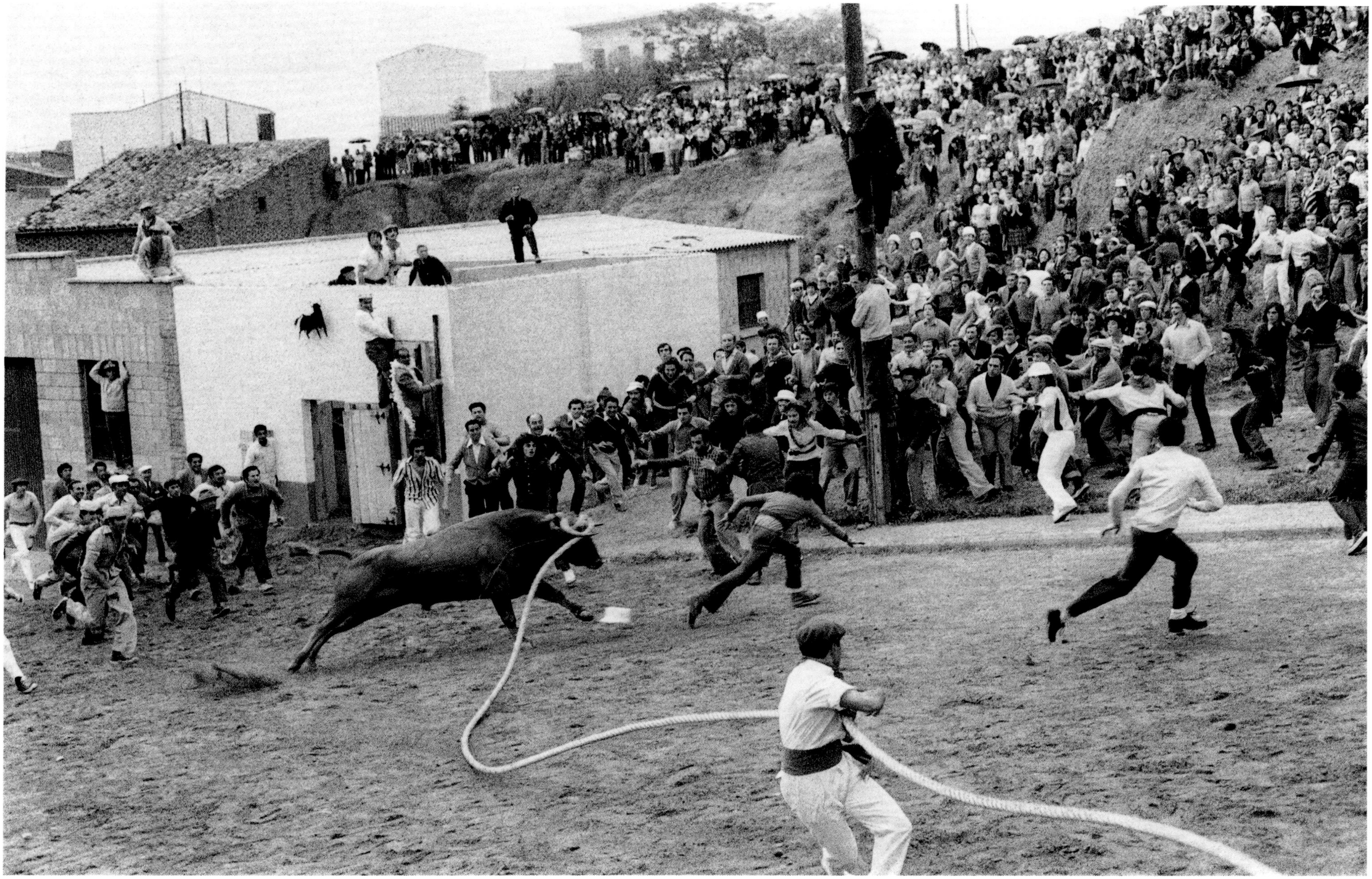

86

87

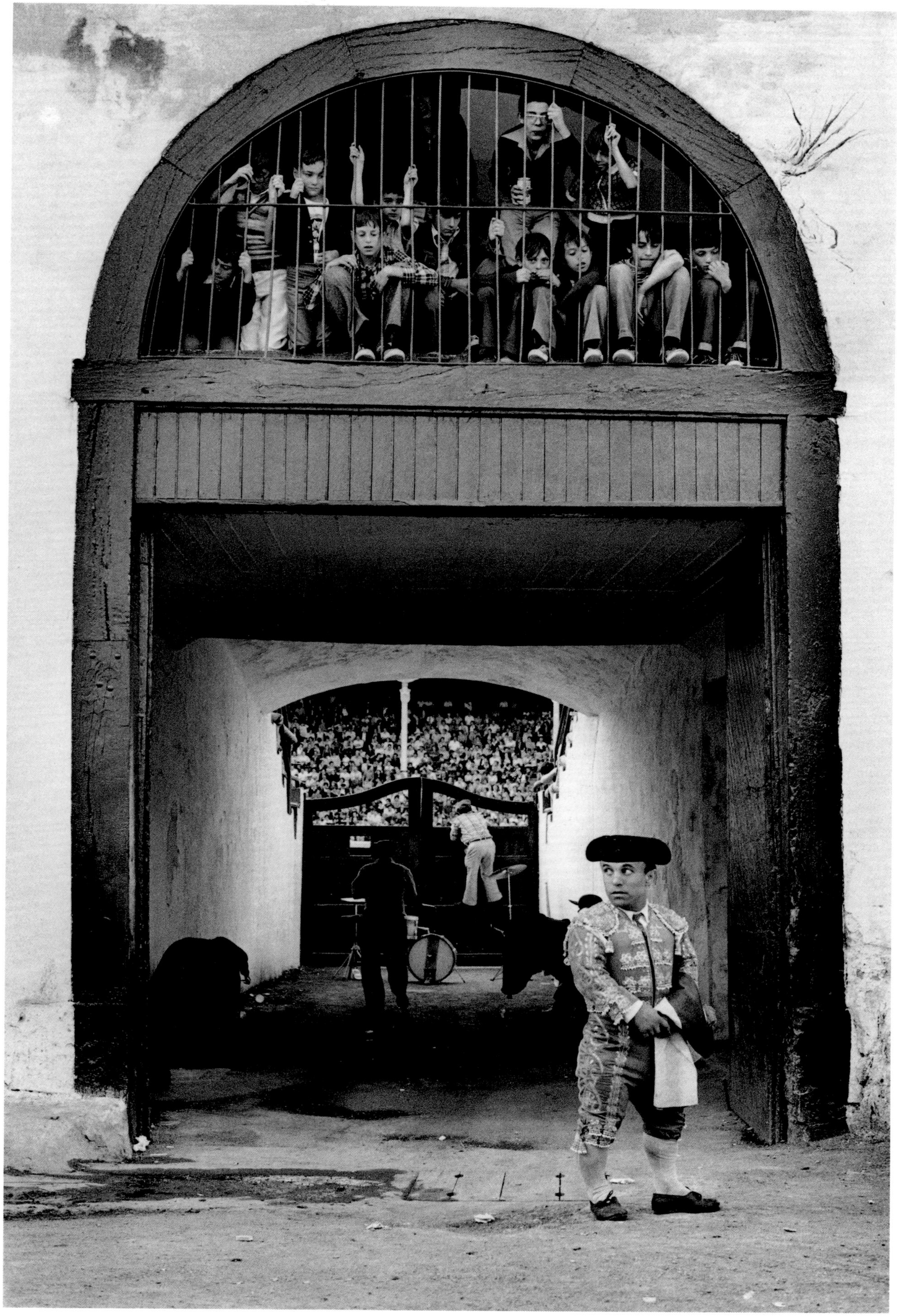

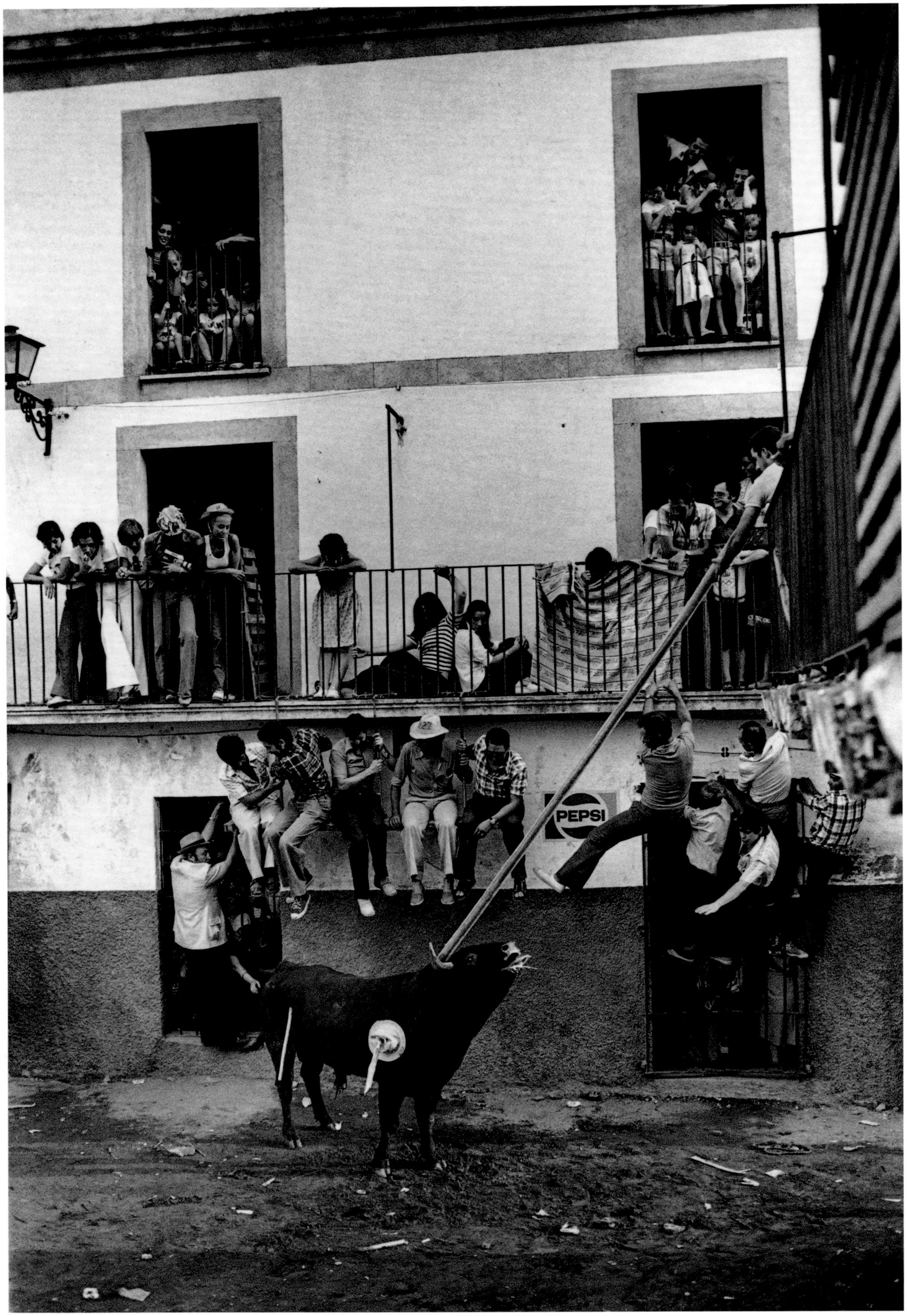
PEPSI

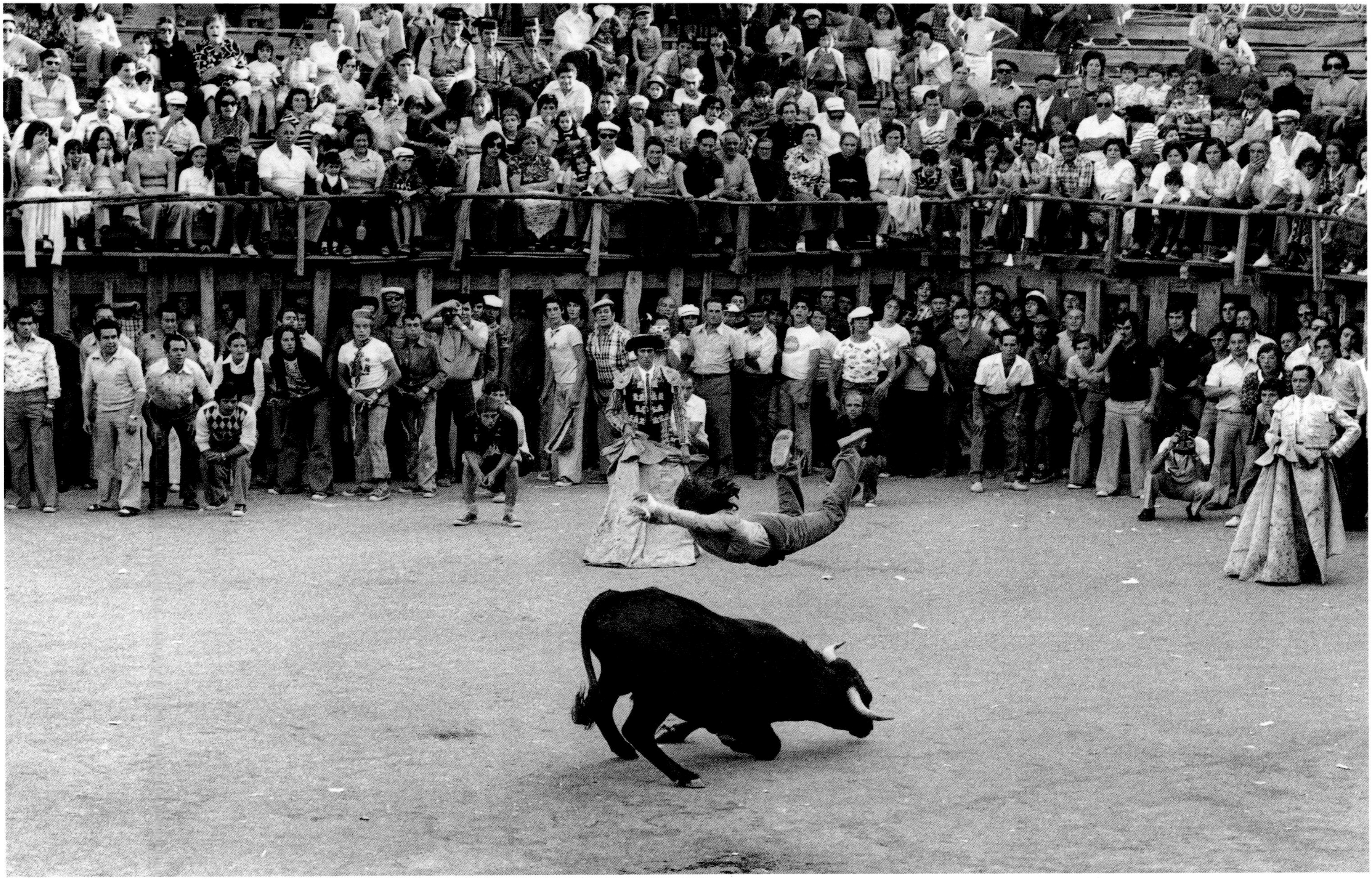

91

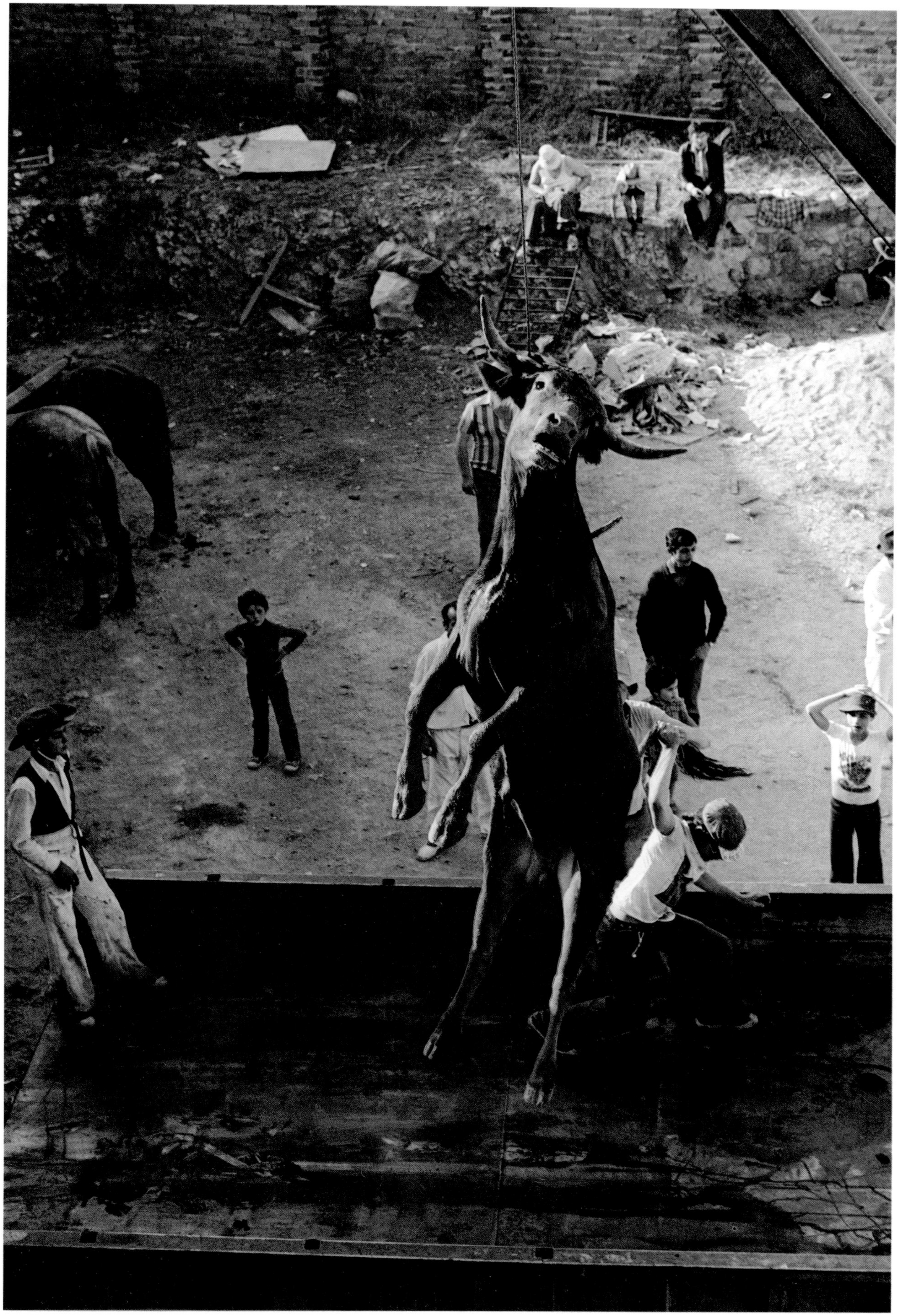

93

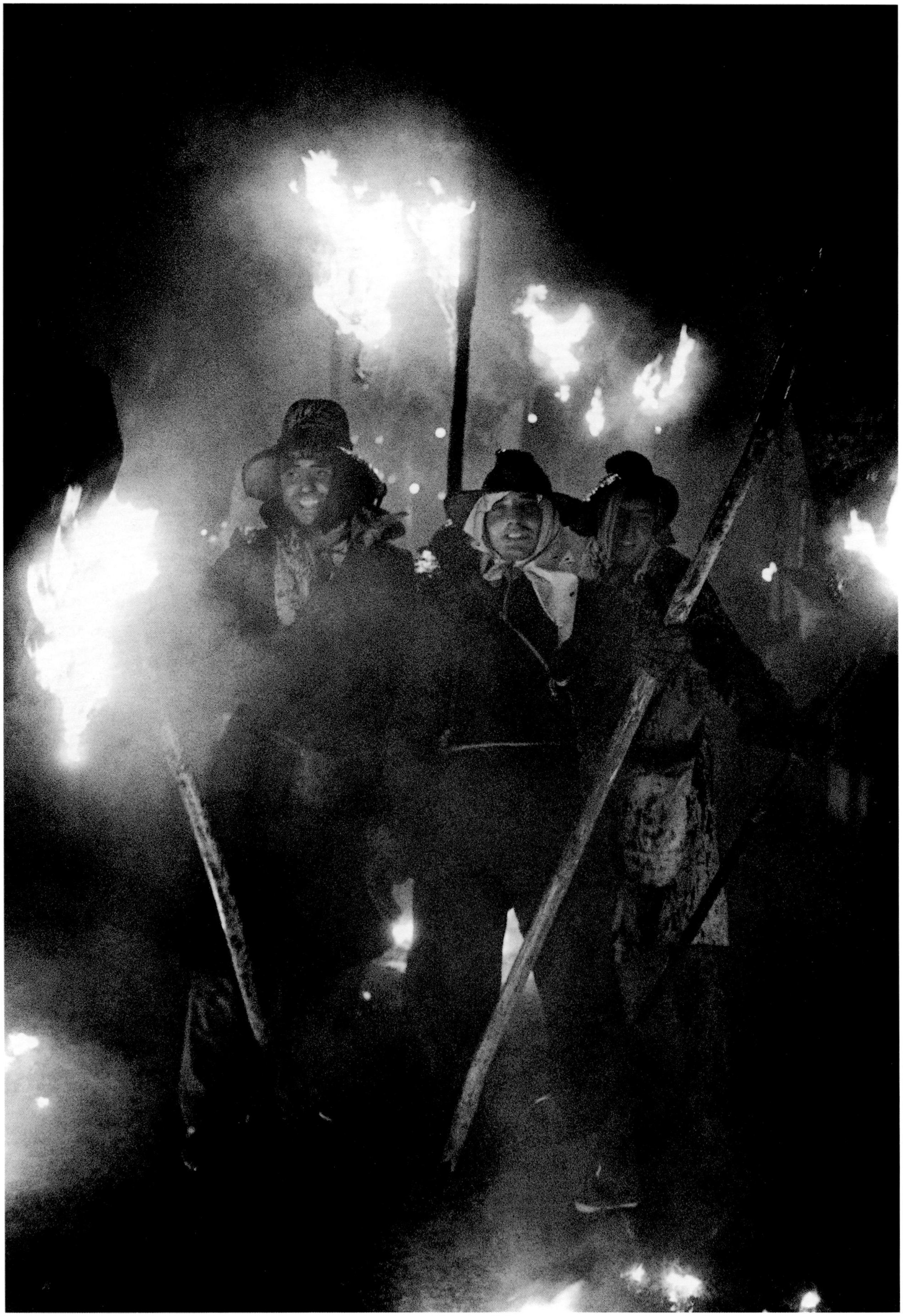

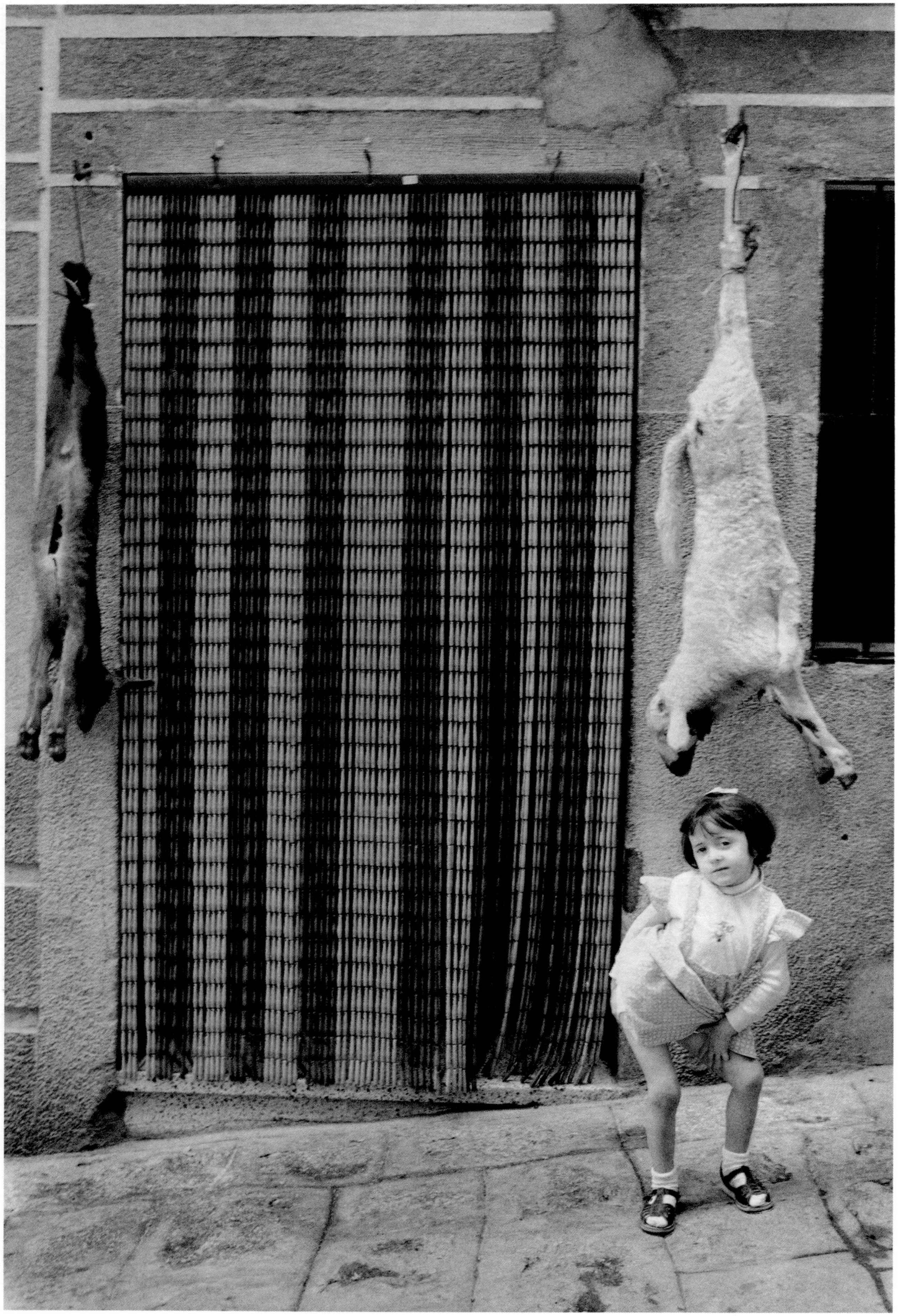

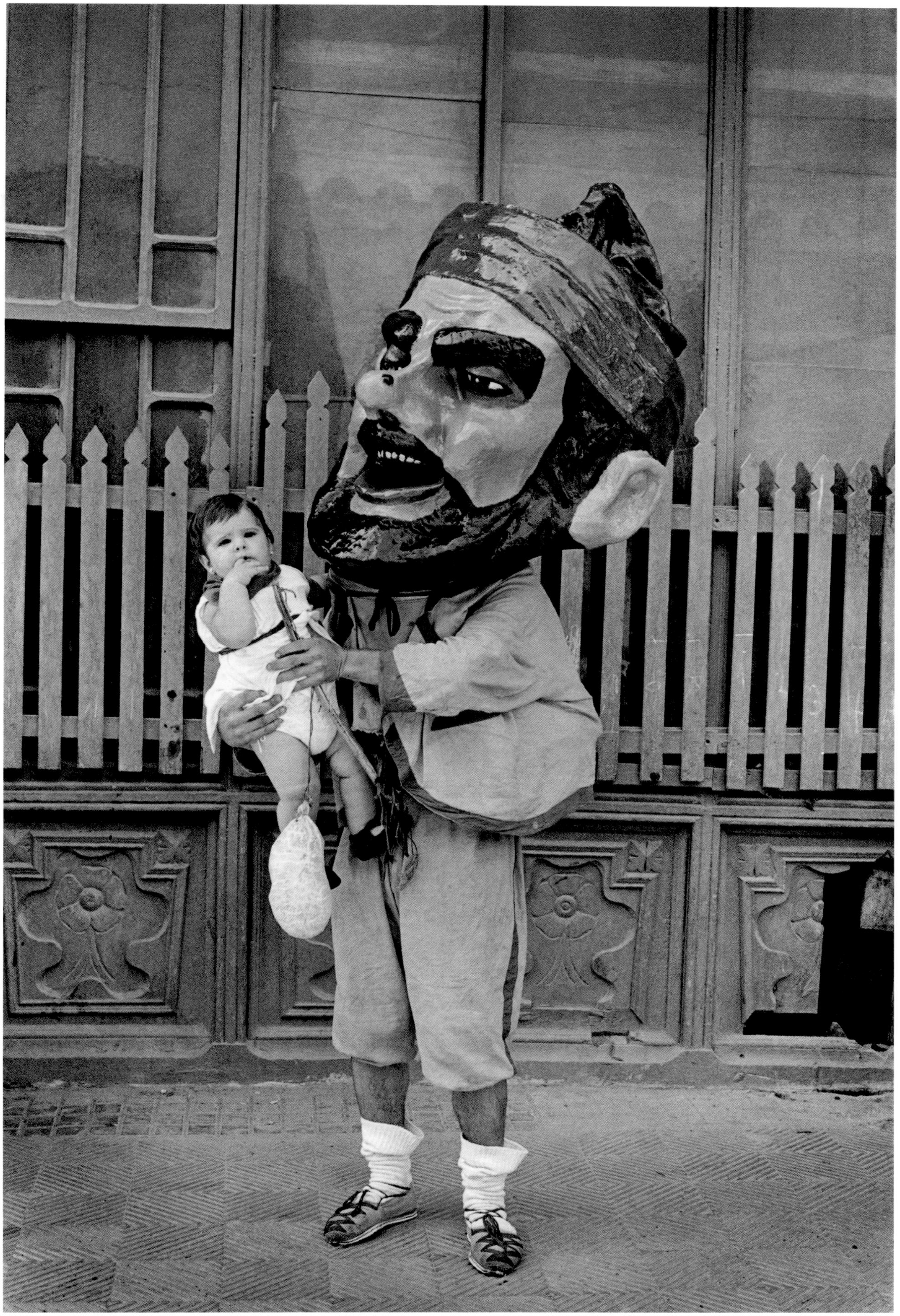

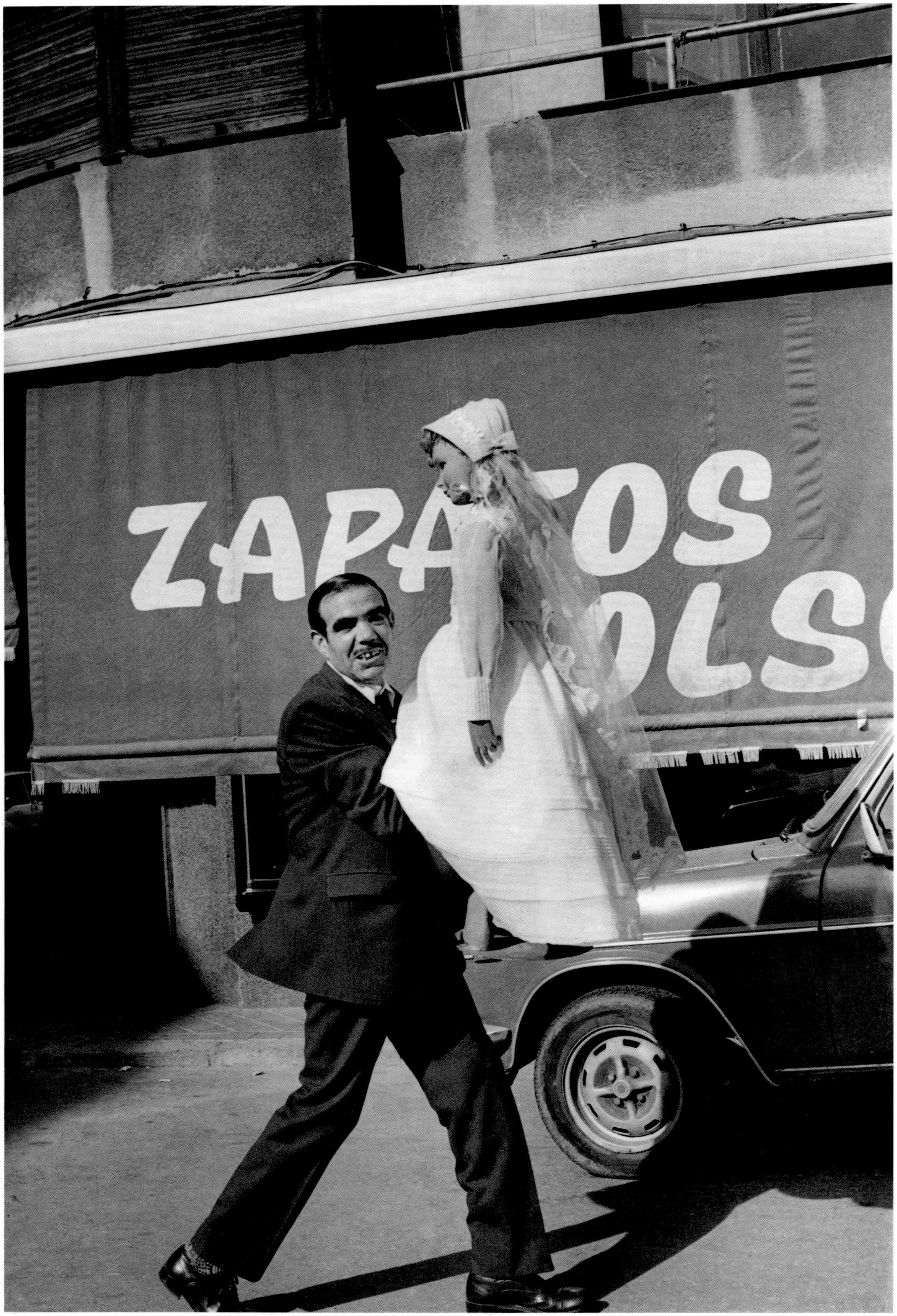

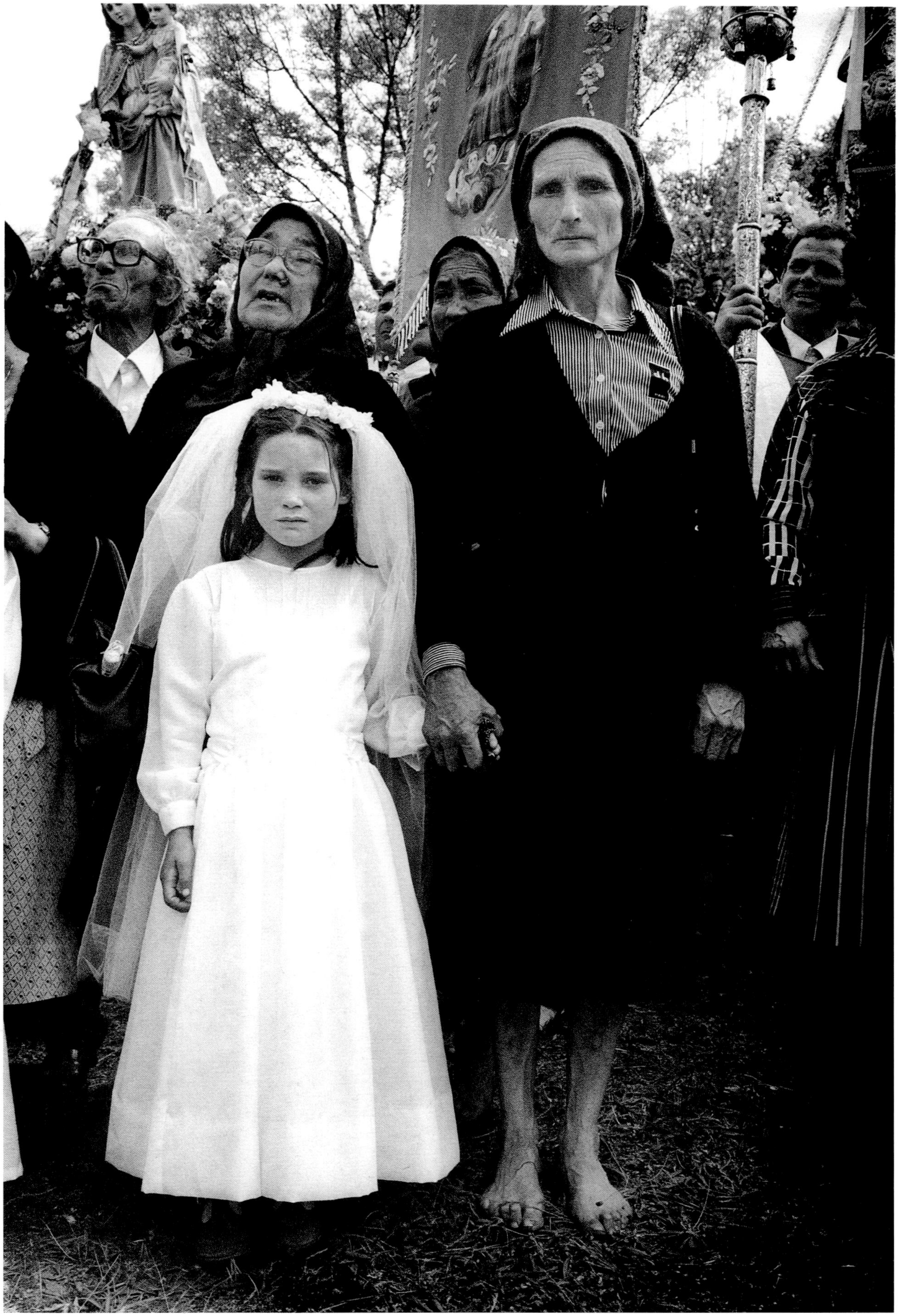

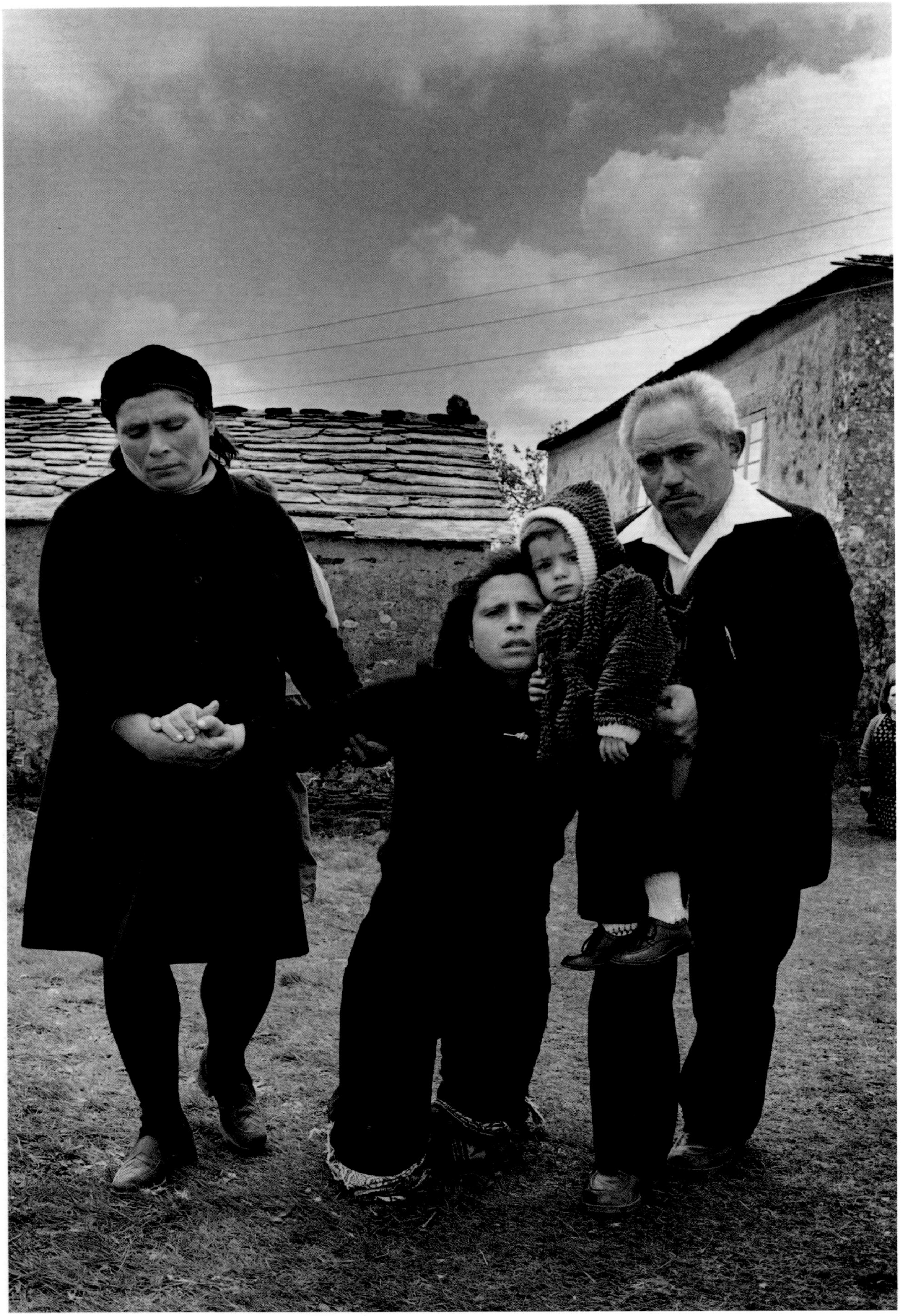

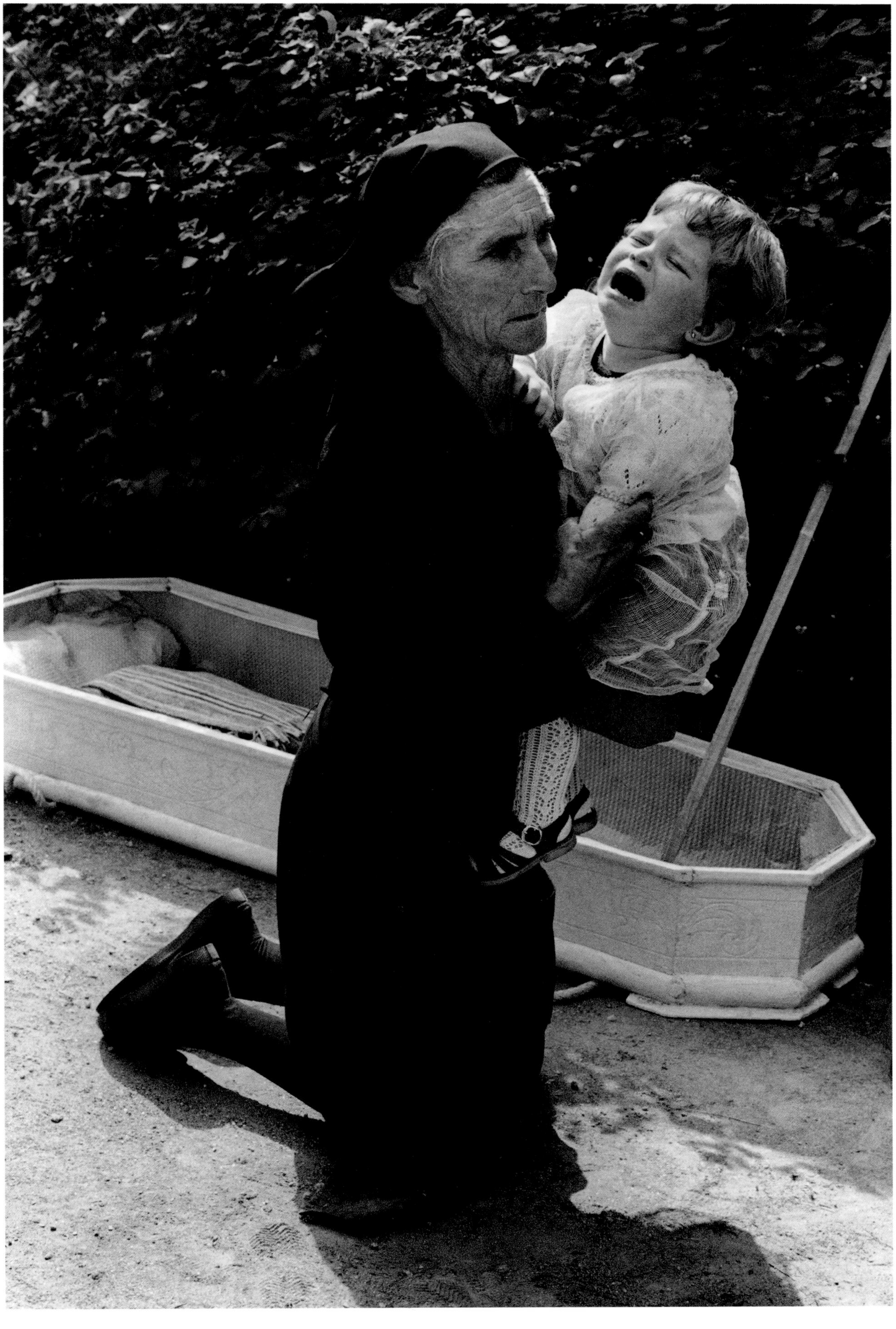

101

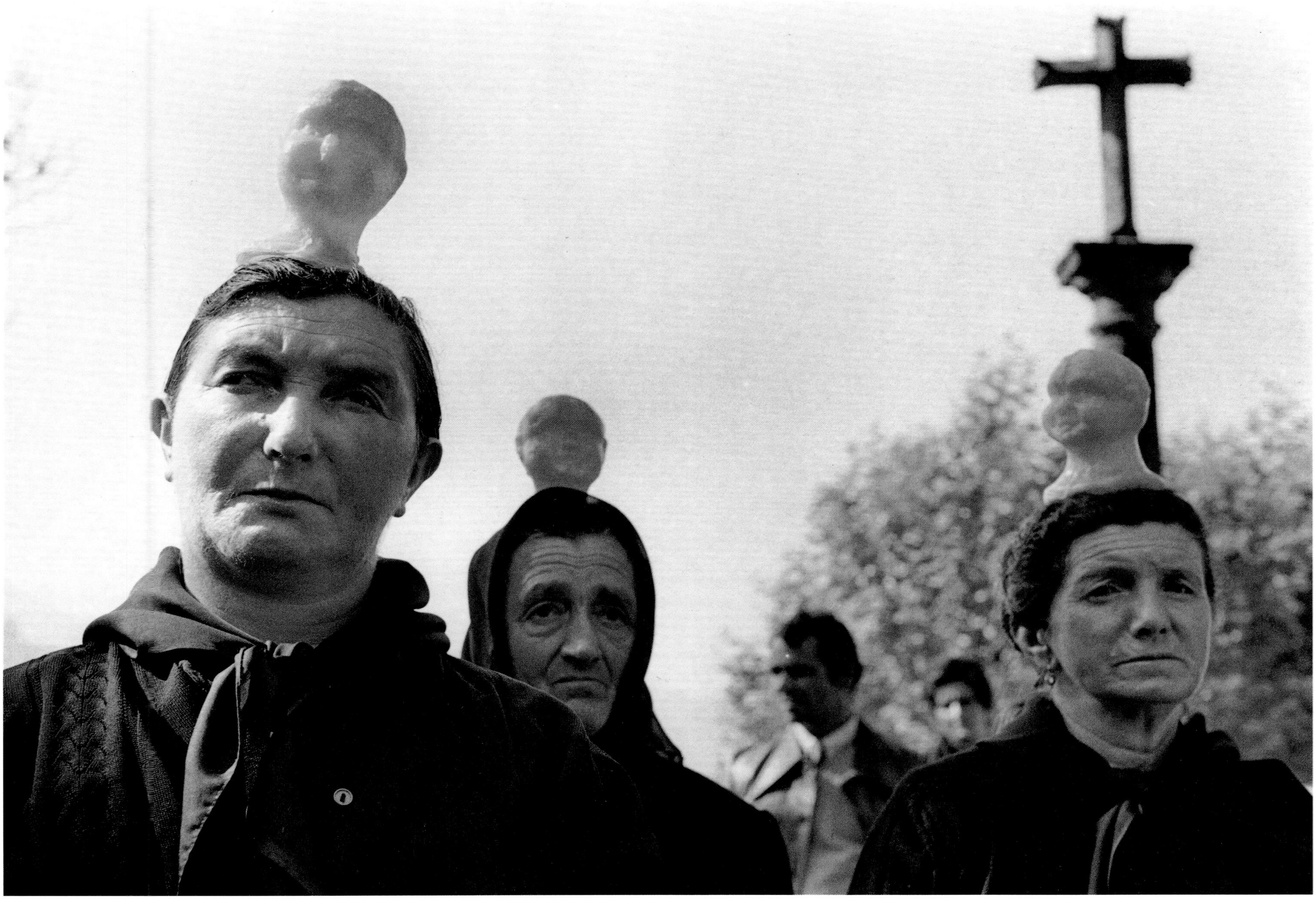

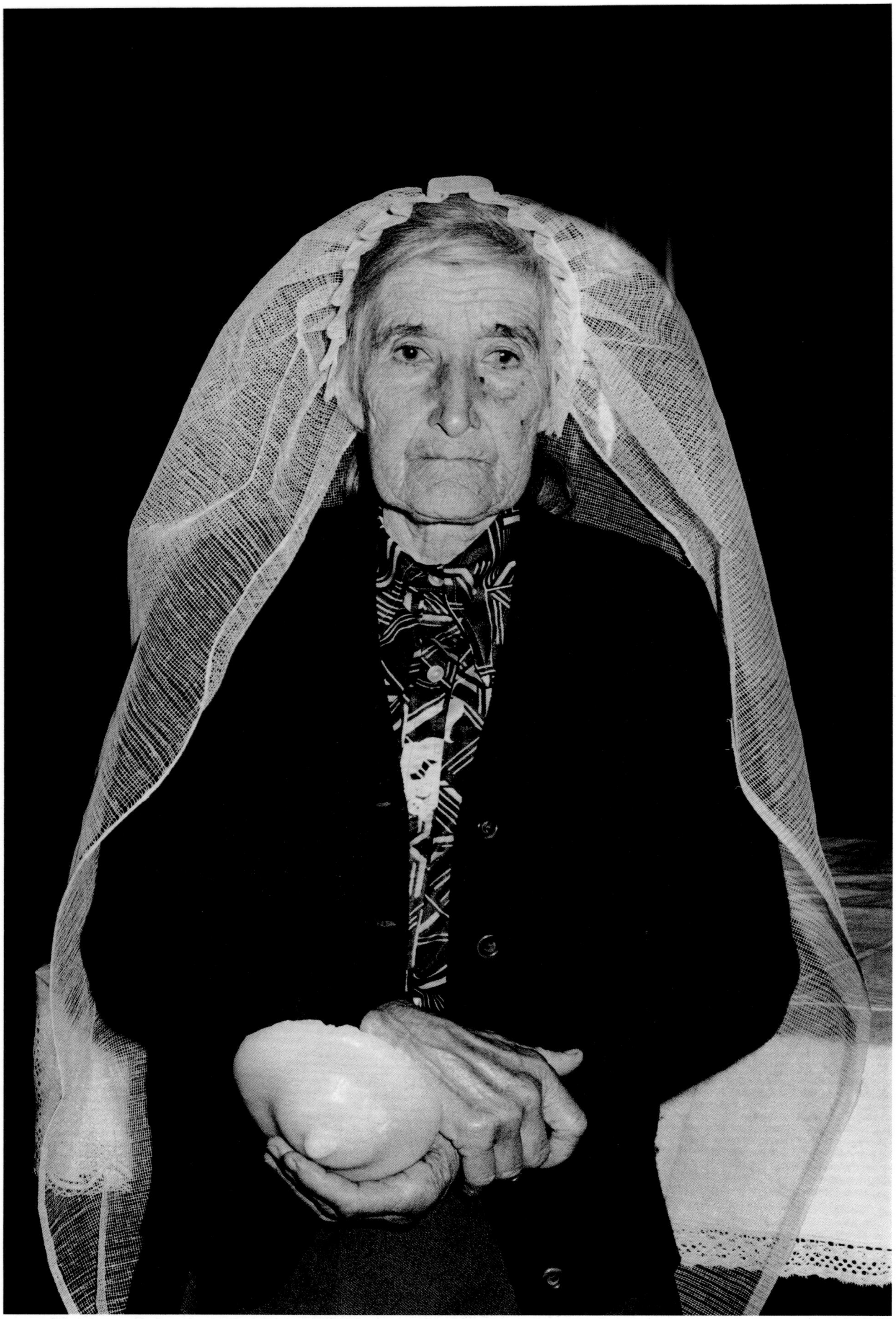

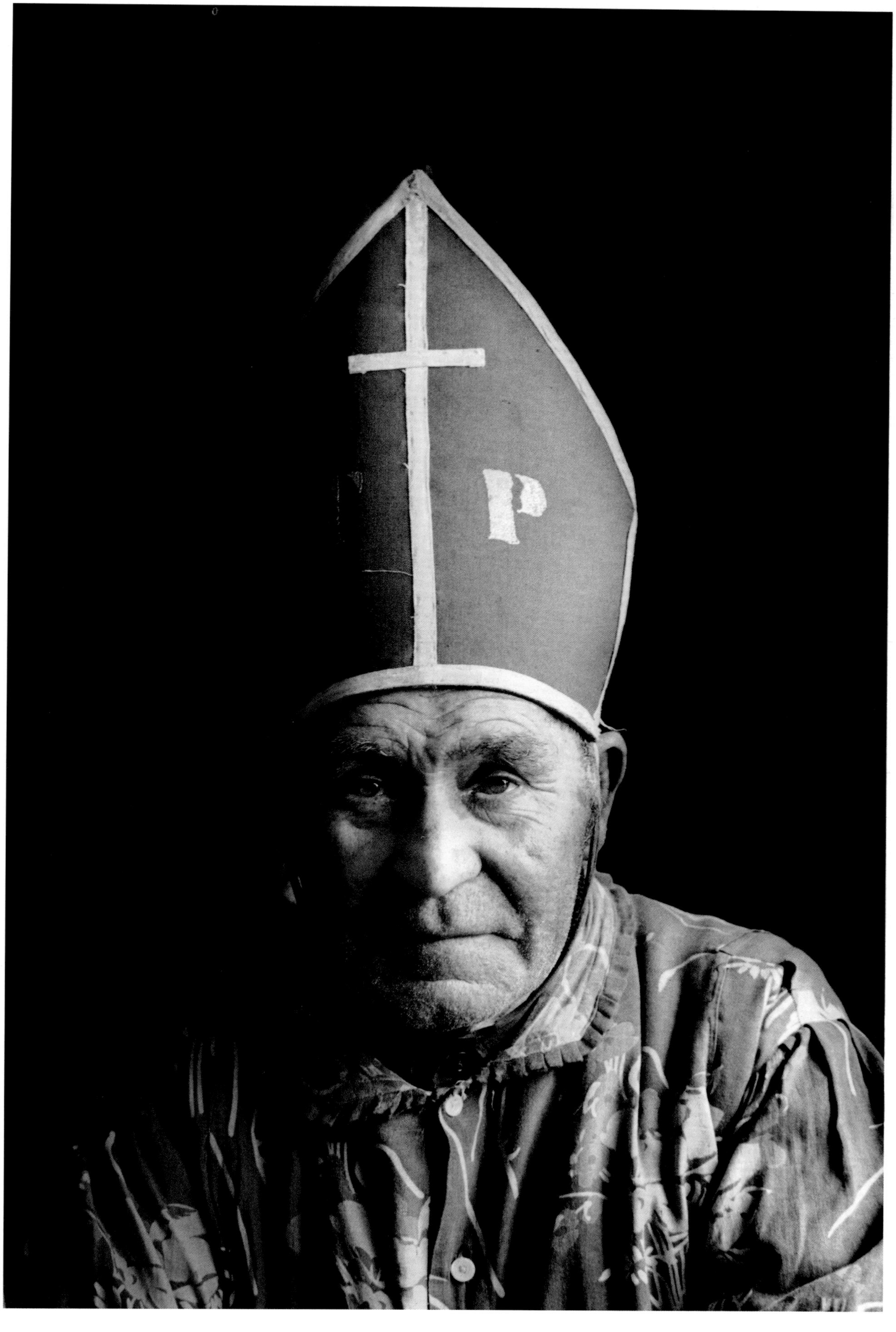
P

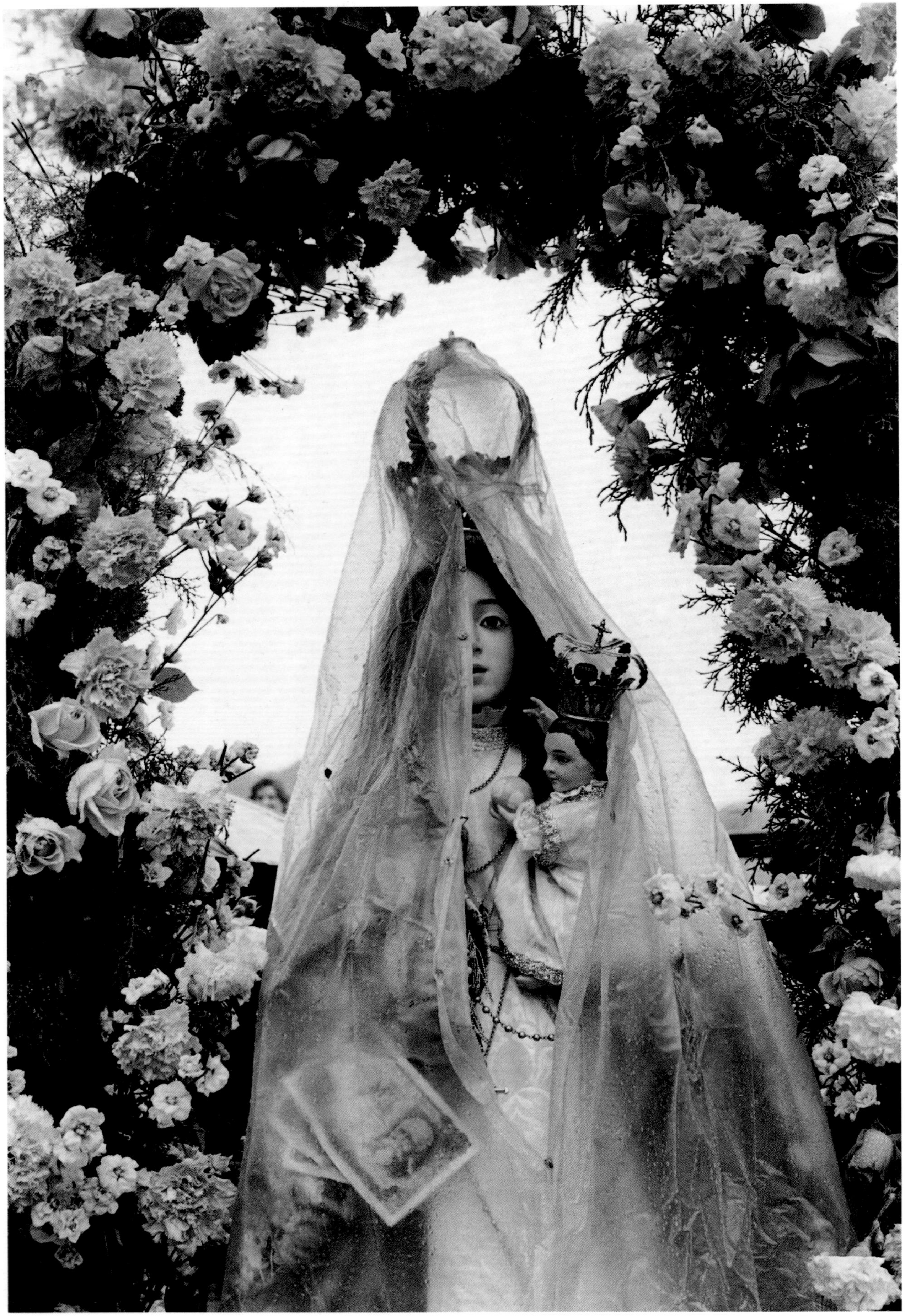

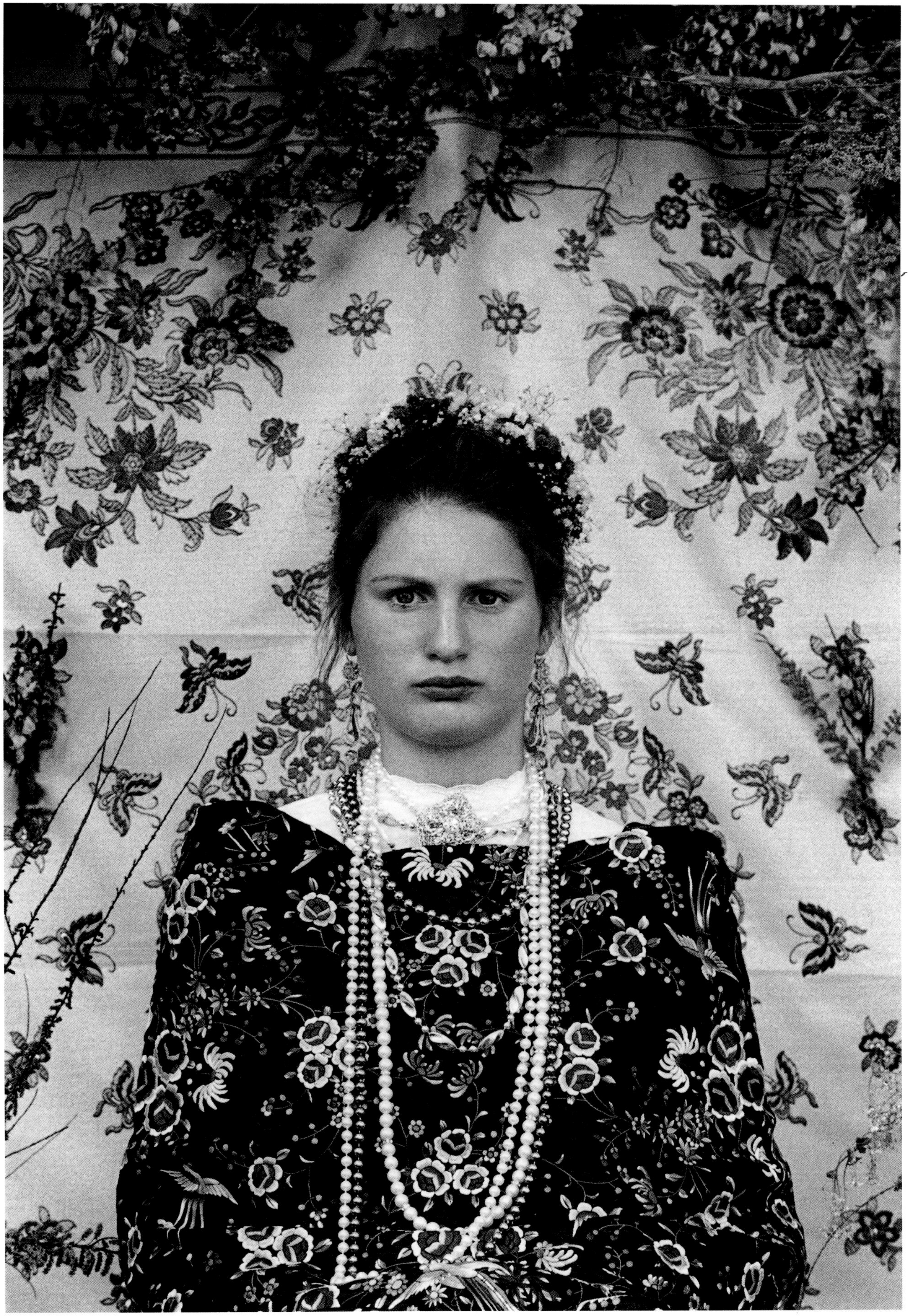

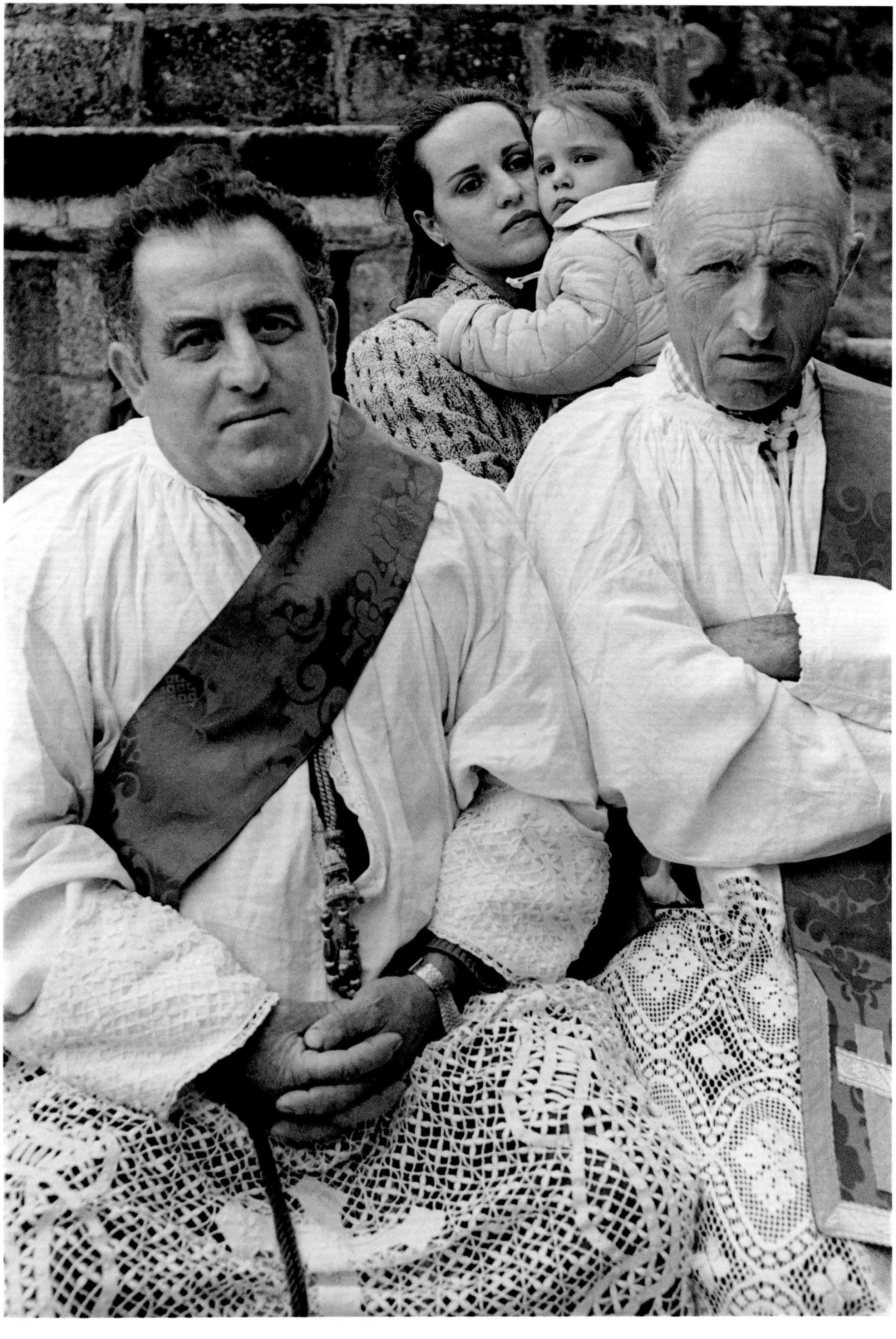

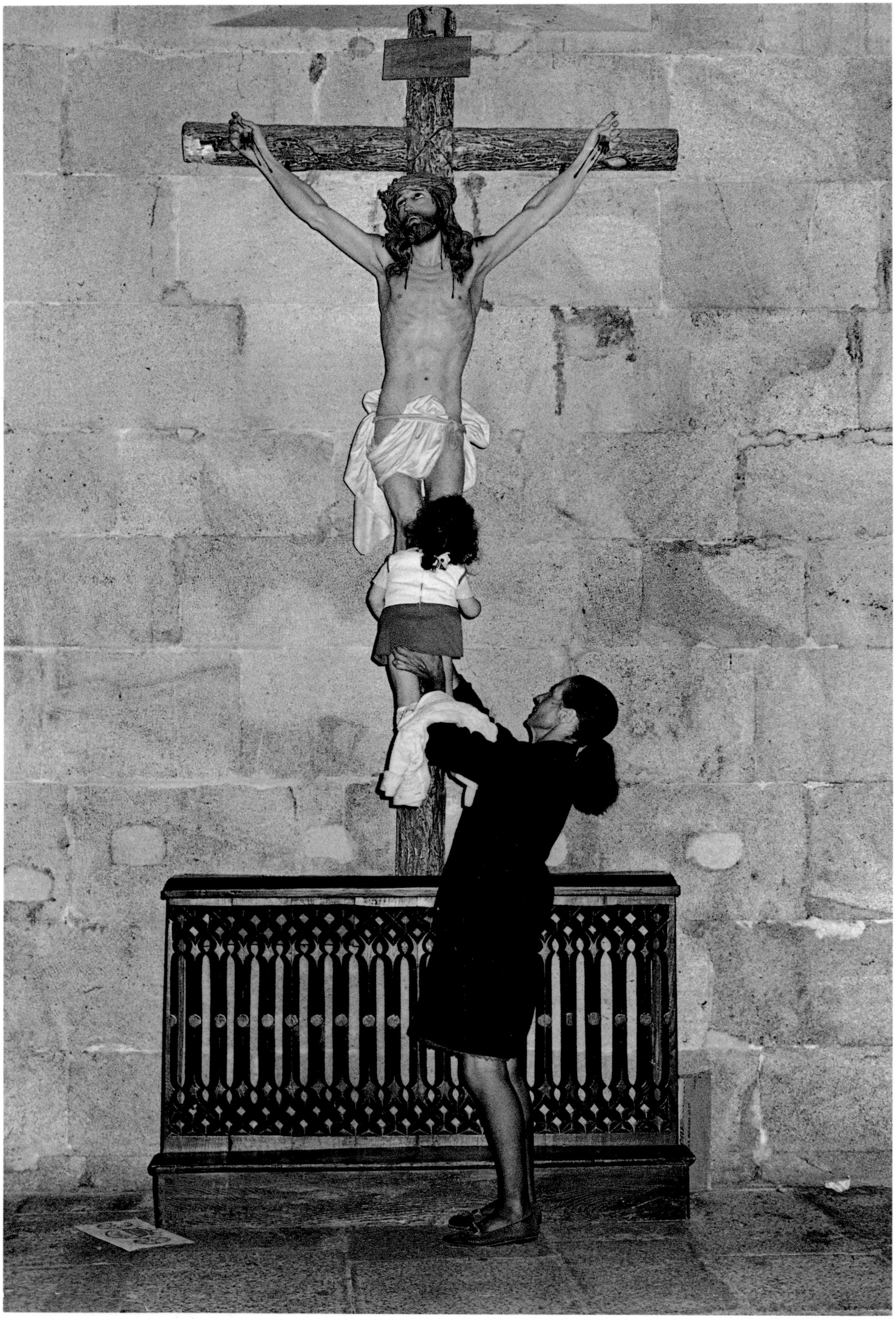

109

110

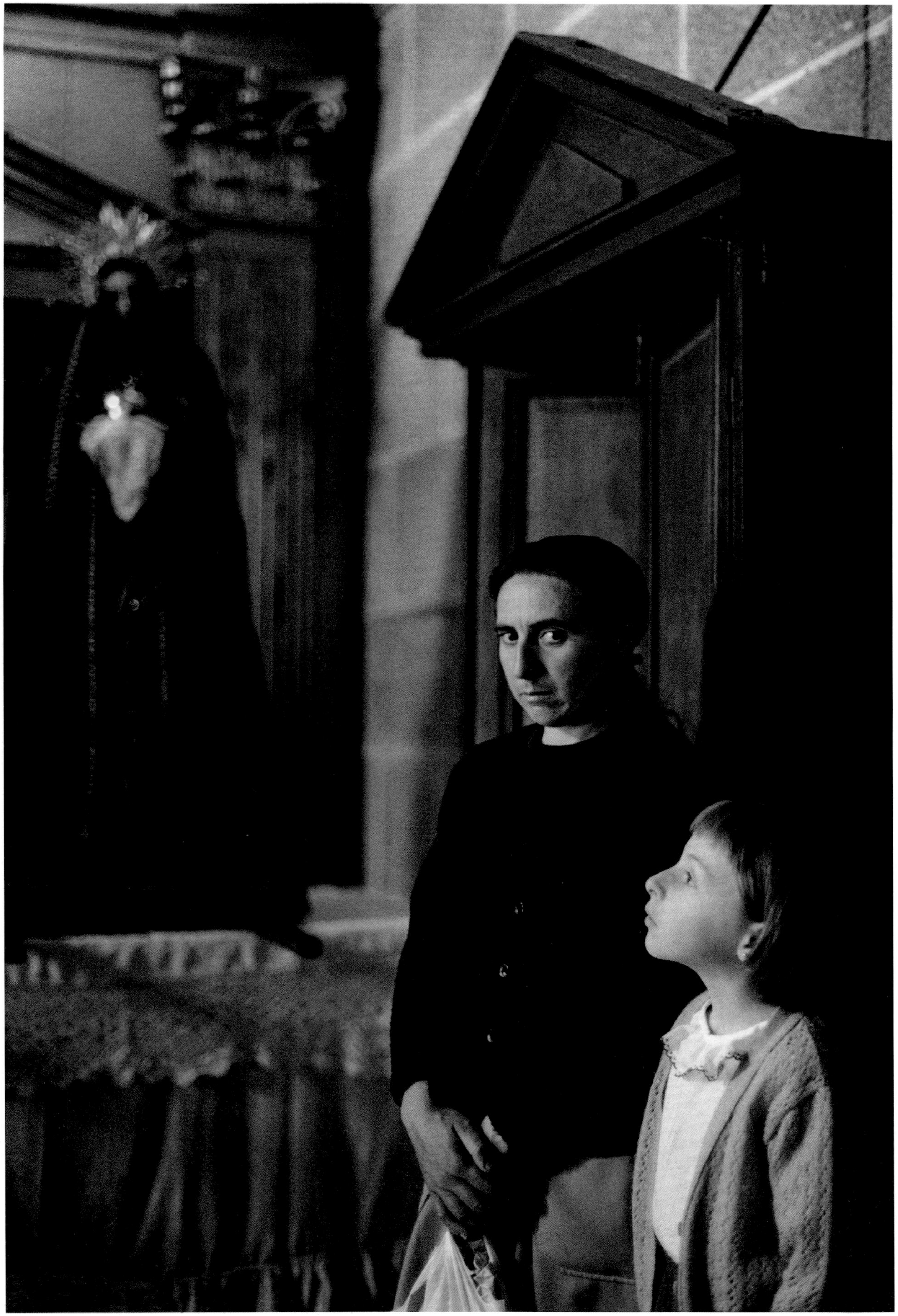

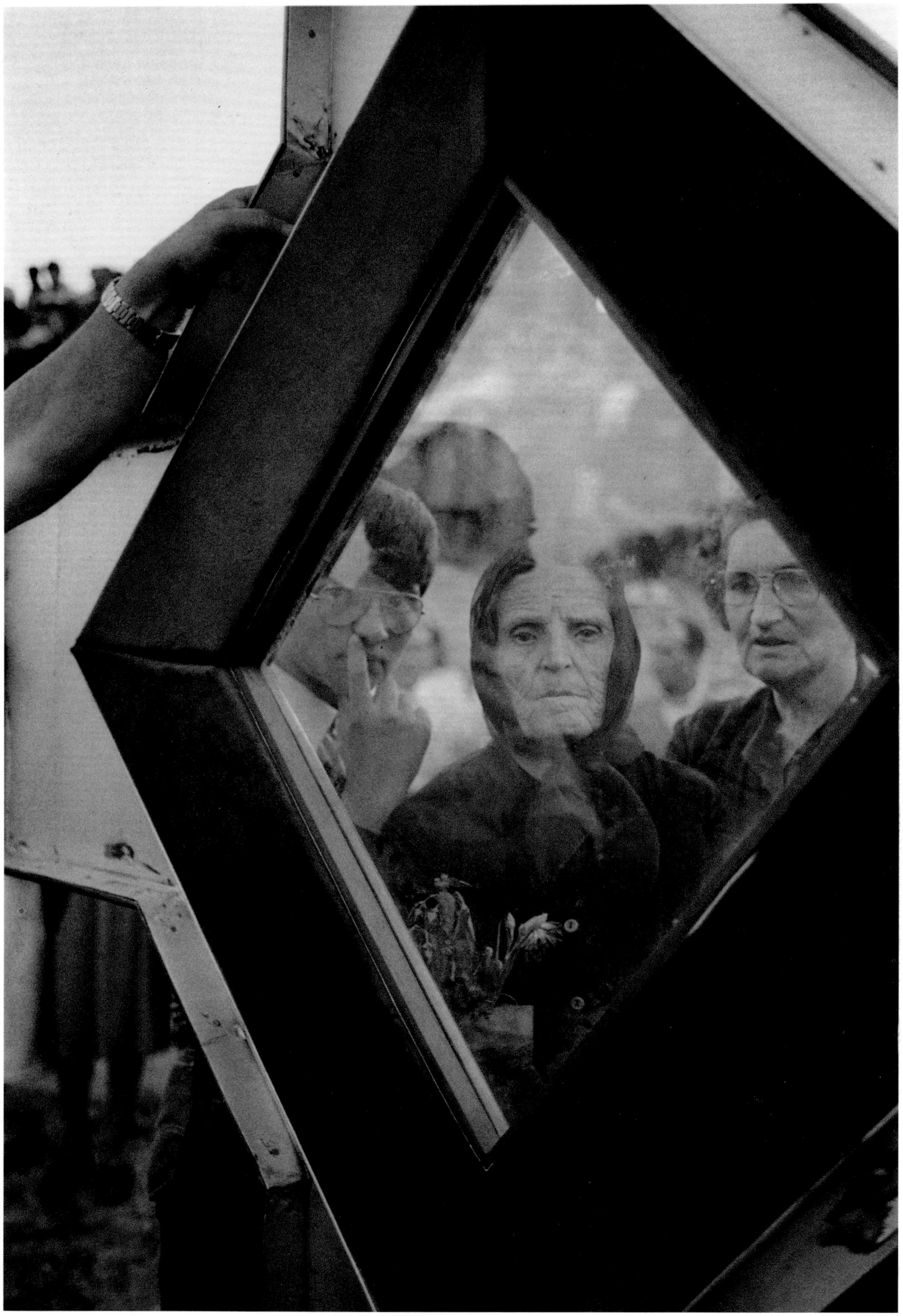

113

114

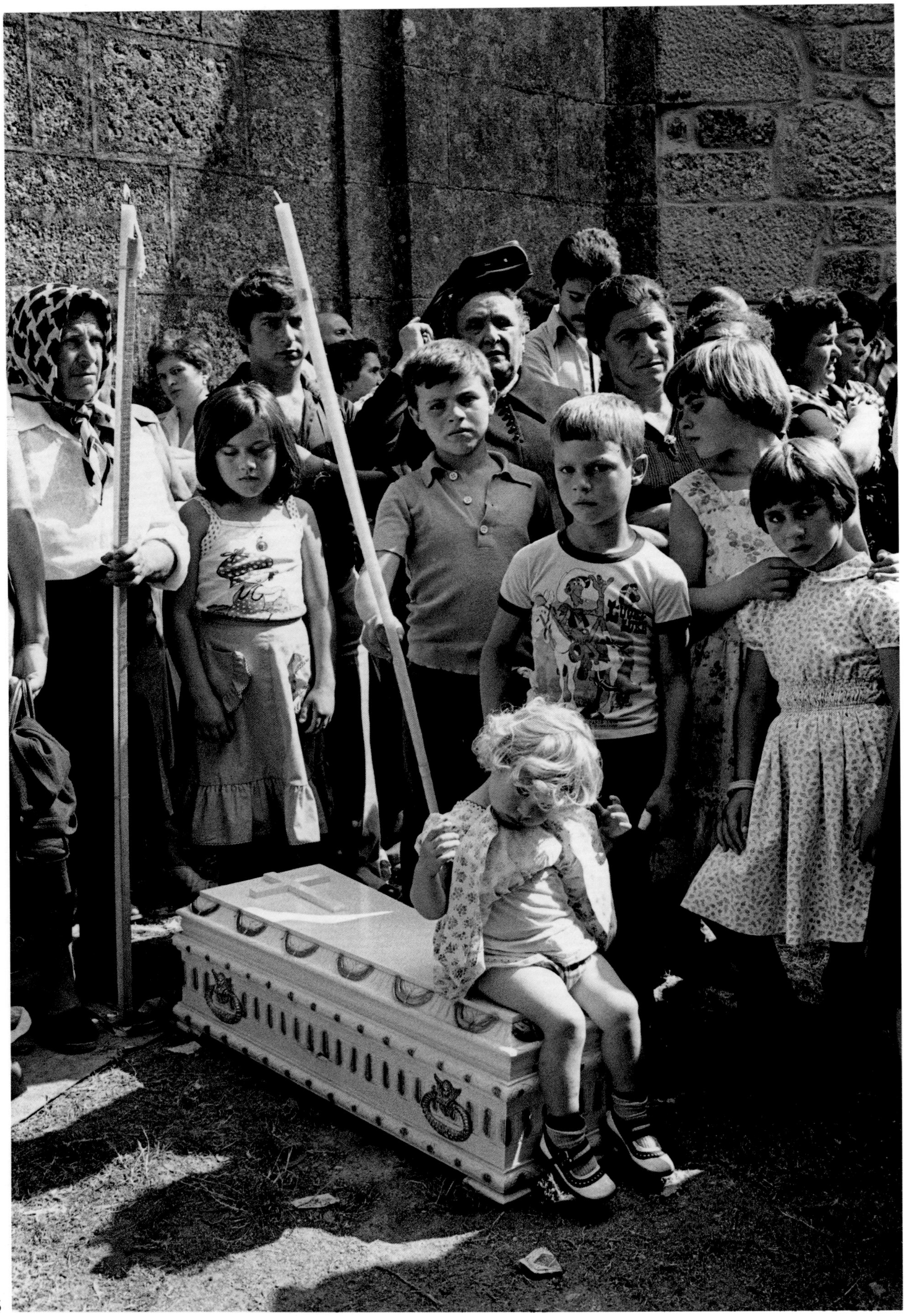

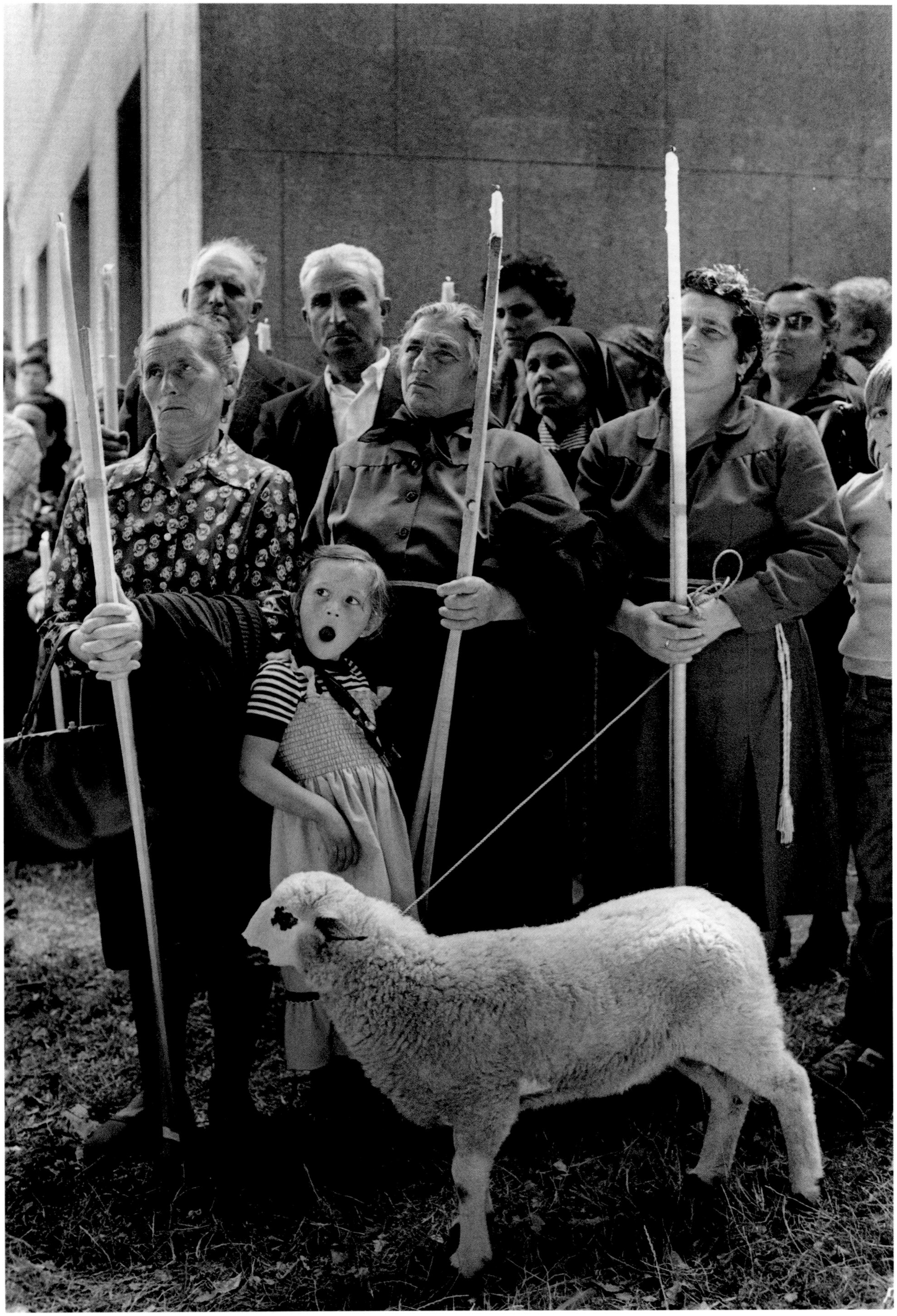

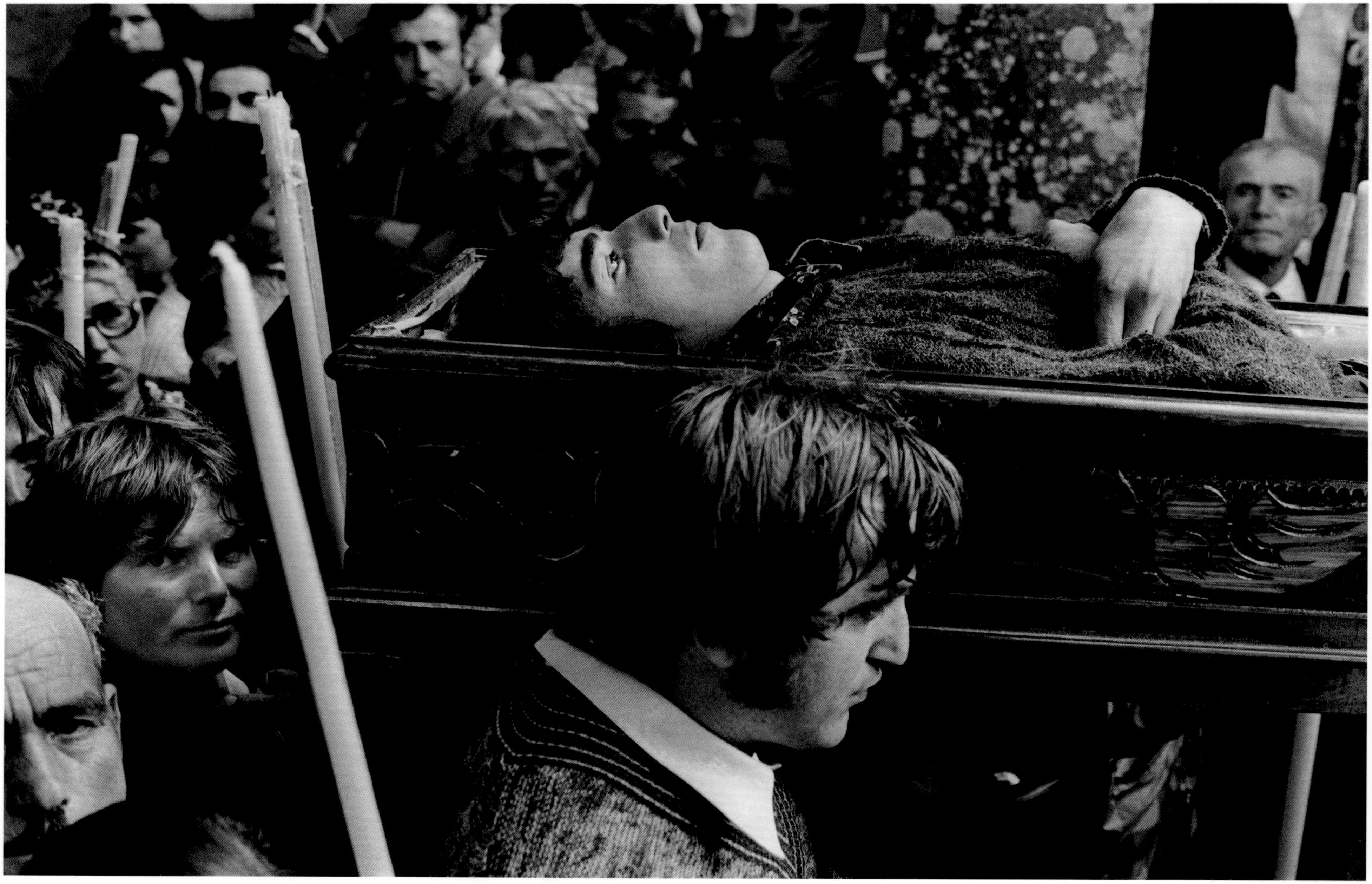

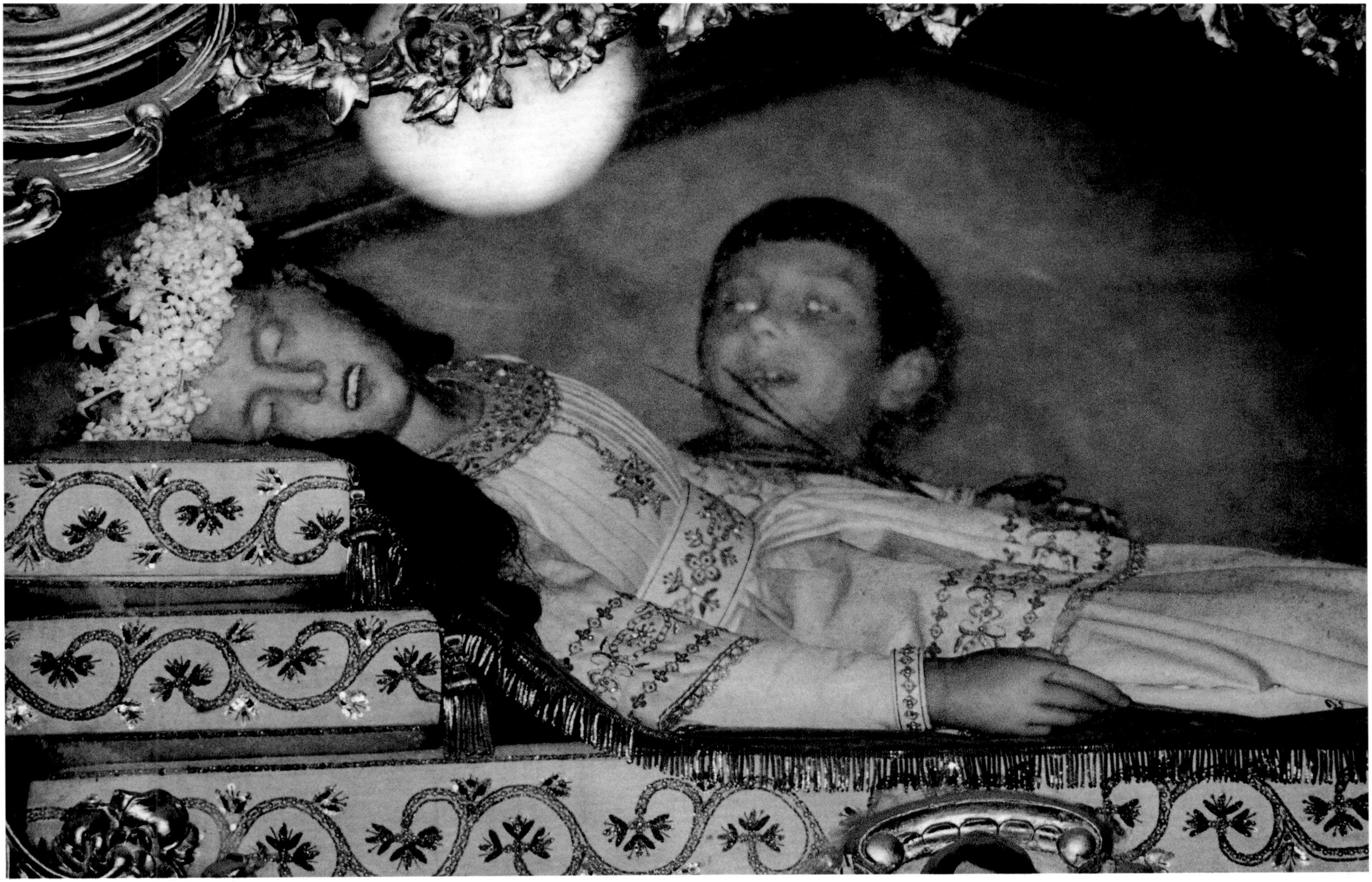

Schweppes
San
Martin
San
Martin
San
Martin
San
Martin
PEPSI-COLA
PEPSI-COLA
Schweppes
PEPSI-COLA
PEPSI-COLA

120

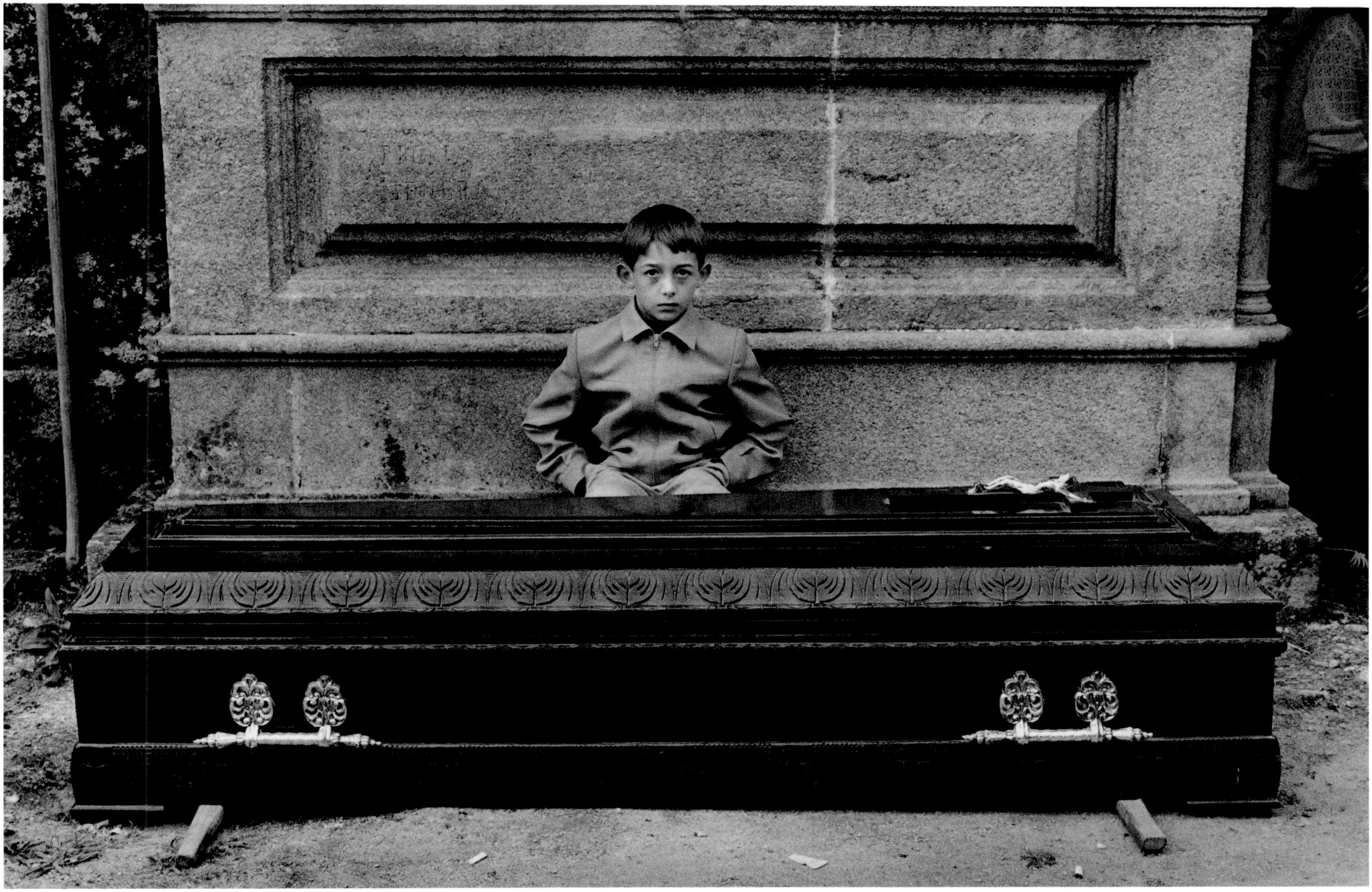

122

123

45
RESERVADO
43
FAMILIA BERENGUER
CARMEN
BERENGUER RIBERA
DOLORES
RIBERA ALBERO
ENRIQUE

125

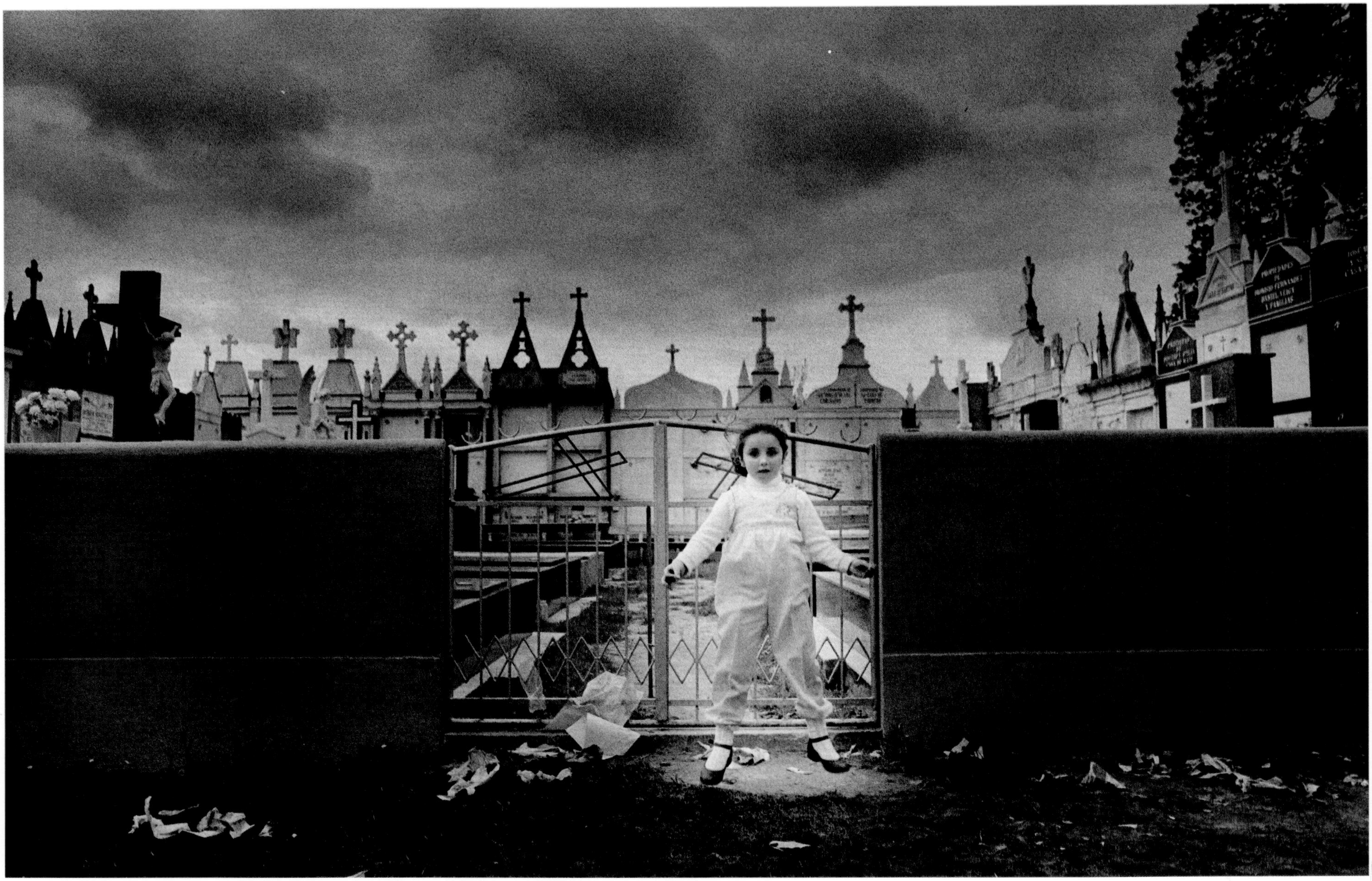

INDICE DE FOTOS

1 – ¡VIVA EL SANTO CRISTO!, Peñas de San Pedro. 1978

2 – EL PICAO, San Vicente de la Sonsierra. 1979

3 – EL EMPALAO, Valverde de la Vera. 1979

4 – ORACIÓN EN EL CALVARIO, Bercianos de Aliste. 1975

5 – PROCESIÓN DEL SANTO CRISTO, Bercianos de Aliste. 1975

6 – COFRADES DE LA CRUZ, Bercianos de Aliste. 1975

7 – LA PROCESIÓN DEL SANTO ENTIERRO, Bercianos de Aliste. 1978

8 – LA HIJA DE LA PENITENTE, Cuenca. 1982

9 – A LAS ONCE EN EL SALVADOR, Cuenca. 1982

10 – LAS POTENCIAS DEL ALMA, Puente Genil. 1976

11 – FIESTA PARA SUSANA, Teruel. 1987

12 – LUNES DE CARNAVAL, Laza. 1985

13 – EL GRACIOSO, Alcalá de la Selva. 1976

14 – LA TABÚA, Zarza de Montánchez. 1985

15 – SALVE A LA VIRGEN DE UJUÉ, Lumbier. 1980

16 – LA TRINIDAD, Lumbier. 1980

17 – MATER DOLOROSA, Hijar. 1982

18 – LOS COLINEGROS, Baena. 1976

19 – SECRETOS, Baena. 1977

20 – SEMANA SANTA, Moratalla. 1980

21 – EL SONIDO DEL DOLOR, Murcia. 1981

22 – ¡CAMARERO! UN CHOCOLATE CON CHURROS, Cartagena. 1981

23 – EL SALTO MORTAL DEL PENITENTE, Cuenca. 1982

24 – GITANOS EN LA PROCESIÓN, Antequera. 1977

25 – JUGANDO A LA PASIÓN, Riogordo. 1983

26 – MISERICORDIA, El Corpiño. 1982

27 – VIA CRUCIS, San Vicente de la Sonsierra. 1981

28 – PALABRAS DE AMOR, Bercianos de Aliste. 1978

29 – ROMEROS A UJUÉ, Eslava. 1980

30 – EL DEDO DE SAN JUAN, Belinchón. 1982

31 – EL CRISTO YACENTE, La Alberca. 1981

32 – PETICIÓN DE LLUVIA PARA LOS CAMPOS, Tiertafuera. 1984

33 – ROGATIVA A LA VIRGEN DE CASTROTIERRA. 1981

34 – TORRE DE OFRENDA, Hontanar. 1987

35 – LA MAYA, Colmenar Viejo. 1989

36 – EL DANZANTE AZUL, El Hito. 1980

37 – OFERTORIO A LA VIRGEN DE LA CUESTA, Miranda del Castañar. 1980

38 – EL COLACHO, Castrillo de Murcia. 1975

39 – LOS ANGELITOS, Morella. 1987

40 – CANTORES DE LA VIRGEN, Morella. 1976

41 – COFRADES DE SAN SEBASTIÁN, Villasandino. 1981

42 – LA MUÑIDORA, La Alberca. 1981

43 – SEPTIEMBRE, Escober. 1988

44 – FIESTA MAYOR, La Alberca. 1981

45 – EL DESCANSO DE LOS DANZANTES, Belinchón. 1982

46 – LA HEROÍNA, Morella. 1976

47 – EL DIABLO RECUERDA, La Alberca. 1977

48 – EL SEÑOR CURA Y SU MADRE, Las Pías. 1980

49 – EL CASCABORRAS, Orce. 1987

50 – EL DESFILE, Alcoy. 1976

51 – LA ROJA, Villafranca de los Caballeros. 1980

52 – DANZANTE, El Hito. 1980

53 – EL ENHARINAO, Laza. 1985

54 – DÍAS DE REYES, Montamarta. 1981

55 – EL PELIQUEIRO, Laza. 1975

56 – EL ZANGARRÓN, Sanzoles del Vino. 1980

57 – EL JARRAMPLÁS, Piornal. 1980

58 – LLUVIA EN LA FRANQUEIRA. 1981

59 – PROMESA EN LAS PASCUILLAS, La Franqueira. 1981

60 – LOS PEREGRINOS DE USERA, 1981

61 – LOS PEREGRINOS DE USERA EN SAN JUAN DE PEÑAGOLOSA, 1980

62 – LOS PEREGRINOS DE USERA EN CHODOS, 1976

63 – ROMERÍA DEL SANTO CRISTO, Gende. 1977

64 – LA VIRGEN ENTRA EN EL TEMPLO, Almonte. 1977

65 – EL ROCÍO, Huelva. 1979

66 – PEREGRINA DEL ROCIO, Huelva. 1979

67 – LA TARDE, Campillo de Arenas. 1978

68 – LAS MAYORDOMAS, El Cerro de Andévalo. 1982

69 – ALTARES PARA EL CORPUS, Fuenlabrada de los Montes. 1979

70 – EL PRIMER CIGARRO, Helechosa. 1982

71 – APRENDICES DE DANZANTES, Fregenal de la Sierra. 1985

72 – EL CABALLO QUE RELINCHÓ, El Cerro de Andévalo. 1982

73 – EL NIÑO DEL CALLEJÓN, Ceheguín. 1980

74 – EL TRAVESTI, Trebujena. 1988

75 – LA PASTORA, Valga. 1981

76 – EL CURRO, Mougás. 1981

77 – CAMINOS DE LA TARDE, Zamora. 1988

78 – EN LAS ERAS, Escober. 1988

79 – VELILLA DEL EBRO, 1986

80 – MATERNIDAD, Saavedra. 1981

81 – EL CABALLO QUE SE BAÑABA EN EL MAR, Vigo. 1987

82 – EL JALEO DE SAN JUAN, Ciudadela. 1980

83 – TOROS EN RONDA, 1981

84 – BOUS DE LA MAR, Denia. 1987

85 – LA SALIDA DEL TORIL, Benavente. 1975

86 – LA CUADRILLA, Vitoria. 1978

87 – EL MATADOR, Toro. 1976

88 – PEPE, Vitoria. 1978

89 – EL TORO DE SAN JUAN, Coria. 1976

90 – EL SALTO DEL MALETILLA, Fermoselle. 1975

91 – EL TORO ENMAROMAO, Benavente. 1980

92 – EL TORO, Soria. 1977

93 – EL FINAL DE LA CAPEA. Fermoselle. 1974

94 – EL VITOR, Mayorga de Ampos. 1987

95 – GARGANTA LA OLLA, 1981

96 – EL ROBACULEROS, Estella. 1976

97 – EL DEPENDIENTE, Zamora. 1978

98 – OFRECIDAS, San Martín del Pedroso. 1981

99 – UN CORAZÓN ENFERMO, Saavedra. 1980

100 – EL LLANTO DE LA OFRECIDA, Ribarteme. 1978

101 – AMPARO HABLA CON LA VIRGEN, El Escorial. 1982

102 – CABEZAS DE CERA, Gende. 1977

103 – EL EXVOTO, Figueiro. 1978

104 – DIABLO DE SAN BLAS, Almonacid del Marquesado. 1974

105 – VIRGEN CON IMPERMEABLE, La Franqueira. 1985

106 – LA MAYA, Colmenar Viejo. 1989

107 – VIERNES SANTO EN LAS ERMITAS, 1987

108 – EL BESO, Los Milagros. 1977

109 – EL CURIOSO Y SANTA MARTA, Fuenfría, 1986

110 – LAS LÁGRIMAS DE LA DOLOROSA, Bercianos de Alieste. 1979·

111 – DOS MUJERES, Gende. 1982

112 – EL CRISTO DE EL SAHUCO, Peñas de San Pedro. 1982

113 – EL CRISTO DE EL SAHUCO, Peñas de San Pedro. 1978

114 – LA CONFESIÓN, Saavedra. 1980

115 – LA AMORTAJADA, Amil. 1977

116 – EL OFERTORIO, Amil. 1979

117 – UNA PROMESA A LA VIDA, Amil. 1975

118 – VIRGEN Y MARTIR, Brión. 1978

119 – EL DESAYUNO, Amil. 1975

120 – LA PROMESA DEL MENDIGO ENFERMO, Amil. 1980

121 – EL NIÑO DEL ATAUD, Ribarteme. 1982

122 – LA PROMESA DE UNA MADRE, La Franqueira. 1981

123 – ANTOÑITO, Ribarteme. 1981

124 – EL AFICIONADO, Bañeres. 1981

125 – SOLO PARA HOMBRES, Vilafranca del Cid. 1981

126 – EL ALMA DORMIDA, Saavedra. 1981

BIOGRAFÍA

Cristina García Rodero.

Nace el 14 de octubre de 1949, en Puertollano (Ciudad Real). A los doce años hace sus primeras fotografías y a los dieciséis compra su cámara fotográfica; un año más tarde realiza el primer reportaje sobre una antigua tradición de su pueblo, «El día del voto».

1968-1972. Estudia en la Facultad de Bellas Artes de San Fernando de la Universidad Complutense de Madrid, obteniendo la licenciatura en pintura.

Se inicia en la fotografía en los medios universitarios.

1970-1971. Estudia fotografía en la Escuela de Artes Aplicadas y Oficios Artísticos de Madrid.

1971. Entra en contacto con los fotógrafos de la Escuela de Madrid.

1972. Estudia pedagogía en el Instituto de Ciencias de la Educación, Universidad Complutense de Madrid.

1971. Becada por el Ministerio de Educación y Ciencia para realizar estudios de paisajes en Segovia, obteniendo en la exposición de becados del Paular la medalla de bronce.

Beca de Ampliación de Estudios de la Dotación de Arte Castellblanch. Barcelona. Realizándolos en 1973 en el Instituto Statale D'Arte (Fotografía) Firenze. En Italia concibe el proyecto de trabajo sobre las fiestas populares, costumbres y tradiciones españolas.

1973. Beca de Artes Plásticas de la Fundación Juan March. Madrid.

1980. Beca de Artes Plásticas e investigación de nuevas formas expresivas, Ministerio de Cultura, Madrid.

1974-1984. Trabaja como profesora de dibujo en la Escuela de Artes Aplicadas y Oficios Artísticos de Madrid. En 1984 obtiene por oposición la plaza de profesor de término de fotografía que ejerce hasta 1985, año en que solicita la excedencia.

1983. Desde 1983 hasta la actualidad trabaja como profesora de fotografía en la Facultad de Bellas Artes de la Universidad Complutense de Madrid.

1985. Premio planeta de fotografía al conjunto de su obra.

EXPOSICIONES INDIVIDUALES

1984. «Fiestas Tradicionales en España». Consejo Mexicano de Fotografía, México. D.F.

1985. «Practiques Religieuses en Pays Mediterraneens». Journes Internationales de la Photo. Montpellier. Francia. (Catálogo).

1986. «Fiestas populares en España». Sala Olaguibel. Vitoria. (Catálogo).

1987. «Images from Spain». Art Center Paul Klapper. Queens College, Flushin, New York.

1988. «Four Spanish Photographers». Center for Creative Photography. University of Arizona Tucson, Arizona. (Catálogo).

«Saa Dos Peiraos». Vigo. (Catálogo).

1989. «España Oculta». Primera retrospectiva realizada por el Museo de Arte Contemporáneo itinerante por Europa y Estados Unidos. (Catálogo).

SELECCIÓN DE EXPOSICIONES COLECTIVAS

1974. Instituto de Cultura Hispánica. Madrid. (Catálogo).

1975. Tercera foto-muestra. Colegio de Arquitectos. Lérida.
Galería Tambor. Madrid.
Instituto de Cultura Hispánica. Madrid. (Catálogo).

1976. Escuela Superior de Bellas Artes de San Fernando. Madrid.
Muestra de la Fotografía Española. Galería Multitud.
II Exposición Becados de la Fundación Juan March. Madrid. (Catálogo).
Fotografía Universitaria de Madrid en la Sociedad Fotográfica de Guipúzcoa. San Sebastián.

1979. Exposición de los primeros encuentros fotográficos en Andalucía. (EFA. Málaga).

1980. «Semana de la Fotografía Española», Guadalajara.
The Photography Gallery. Cardiff.
«New Spanish Photography». Night Gallery. London.

1981. «13 fotógrafos Contemporáneos Españoles». Casa de la Fotografía Consejo Mexicano de la fotografía. México. D.F.

1982. Sala Fuji. São Paulo. Brasil.

1983. «259 imágenes. Fotografía Actual en España». Círculo de Bellas Artes. Madrid. (Catálogo).
«Contemporary Spanish Photographers». College of Fine Arts. University of Florida. Gainesville. Florida. USA.
«Exposición profesores de la Facultad de Bellas Artes de San Fernando» Universidad Complutense. Madrid. (Catálogo).
«Humanizar la tierra». Itinerante por España.
«Arco». Galería Redor. Madrid.

1984. «259 imágenes de España». Centro Cultural de Albacete.
«259 imágenes de España». Pinacoteca Nacional de Atenas.
Casa de las Américas, La Habana.
«Contemporary Spanish Photographers». Ohio State University.

1985. «La fotografía en el Museo». Museo Español de Arte Contemporáneo. Madrid. (Catálogo).
«Aspecten van Spanjen». Europalia 85. España. Hasselt Cultureel Centrum. Belgiun. (Catálogo).
«Aspectos de España». Fundación Luis Cernuda. Sevilla.
«Contemporary Spanish Photography». University Art. Museum. University of New Mexico. Alburquerque. (Catálogo).
«Desde Europa». Fotogalería Teatro Municipal. San Martín. Buenos Aires.
«Fotografien Aus Spanien». Fotografische Sammlun in Museum Folkwang. Essen.
«50 años de color». Kodachrome 1935-1985. Círculo de Bellas Artes. Madrid. (Catálogo).
«Tierras, Pueblos, Ritos». L'Art. Barcelona.

1986. «Es de Mujeres». Ayuntamiento de Madrid. Junta Municipal de Chamberí. (Catálogo).

1987. «After Franco». Marcuse Pfeiffer Gallery, New York.

1988. Arco. Galería Redor, Madrid.
«Sefarad, Jewish Roots in Spain». Bernard Hilkon, Los Ángeles.
«Vigo Visións». III Foto Bienal Vigo 88. (Catálogo).
«La Muerte». III Foto Bienal Vigo 88.
«La Plage Photographique» 10èmes Journées Internationales de la Photographie. Ville de Montpellier.

PUBLICACIONES

Sus obras han sido incluidas en numerosos libros en los que cabe destacar:

1975. «Galicia». Editorial Everest. León.

1978. «Galicia, realidad económica y conflicto social». Editora Banco de Bilbao.

1980. Local Religion in Sixteenth Century Spain. Christian Williams. Princeton University Press.

1987. Betty Hahn. «Contemporary Spanish Photography». University of New Mexico Press.
«Galicia a pe de foto». Universidad Internacional Menéndez Pelayo y Lunwerg Editores, S.A.
«Un día en la vida de España». Collins Publishers. New York.

1988. «Raíces judías en España». Iberia Madrid.
«España Cristiana, Musulmana y Hebrea». Editorial Anaya. Biblioteca Iberoamericana.
«A day in the life of California». Collins Publishers San Francisco. California.

PUBLICACIONES SOBRE CRISTINA GARCIA RODERO

«Foto 85». Texto de Oscar Berdugo. Ed. Círculo de Bellas Artes 1985. Catálogo de la Exposición.
«Photographies des practiques religieuses en pays mediterranées». Texto de Pedro Provencio. Ed. Journées Internationales de la Photographie. Gt de L'Audio-Visuel. Villa de Montpellier 1985. Catálogo de la Exposición.
«Four Spanish Photographers». Texto de Terence Pitts. Ed. Center for creative Photography. The University of Arizona 1988. Catálogo de la Exposición.

Periódicas

«Nueva Lente» n.º 41-42, julio - agosto 1975. (5 fotografías y la Portada).
«Cristina García Rodero: Contra el tiempo». Photo Español, n.º 42, págs. 28, 33 - 1980. (9 fotos).
«New Spanish Photography». British Journal of Photography, n.º 47. 21 noviembre 1980. (4 fotografías).
«13 fotógrafos españoles: Monografía». Poptografía. Volumen 2, n.º 3 - marzo 1981. Pedro Pardo. «Fotógrafos». El País Semanal n.º 380 - 1984.
«Cristina García Rodero». Enciclopedia Planeta de la Fotografía, n.º 55 - 1985.
«Así trabaja Cristina García Rodero». Enciclopedia Planeta de la Fotografía, n.º 56 - 1985. (7 fotografías).
Enrique Peral. «Cristina García Rodero», n.º 399. Marzo 1985, págs. 271-280. (10 fotografías).
«Cristina García Rodero». Foto Profesional n.º 27 - 1985, págs. 4-16 y 82-83. (21 fotografías).
«Cristina García Rodero». Internacional n.º 3. Noviembre 1985, pág. 27. (4 fotografías).
«Tierras, gentes, ritos». Photovision. 1985.
«50 años de color». Photovision n.º 4, Círculo de Bellas Artes. 1985. Catálogo de la Exposición.
«Cristina García Rodero, Spain Trhough a Camera». Lookout 1986, págs. 74-81. (10 fotografías).
«José María Plaza». Galería de Fotógrafos Españoles. Diario 16. Semanal n.º 383. 1989.
«Marta Riolobo». Elle. 1988.
«Fiesta». Lookout. Mayo 1989 (16 fotografías color y portada).
María Ángeles Sánchez. «España en negro». El País Semanal n.º 631. 1989. (13 fotografías).

Su obra figura en las colecciones del Museo Español de Arte Contemporáneo, Museo Municipal de Ciudad Real, Museum Für Kunst und Geschichte, Freiburg y el Center for Creative Photography, Tucson, Arizona.

AGRADECIMIENTOS

Quiero expresar mi agradecimiento a las personas que con su
generosidad, su colaboración y su amistad, han hecho posible este libro.
Especialmente a los protagonistas de las imágenes.

A mi familia por su comprensión.

A Julio Caro Baroja, Publio López Mondéjar, Manuel López Villaseñor,
y Gerardo Vielba Calvo, que siempre apoyaron y valoraron mi trabajo.

A Antonio Navarro, César C. Urrutia y Valentín Vallhonrat, que han
realizado con el mayor respeto y fidelidad las copias fotográficas.

Y al equipo de Lunwerg Editores,
por su trabajo y paciencia en la edición de este libro.

Por Lunwerg Editores:

Director General: Juan Carlos Luna
Director de Arte: Andrés Gamboa
Director Técnico: Santiago Carregal